単なる知り合いが顧客に変わる本

The Referral of Lifetime
–The Networking System That Produces Bottom–
Line Result…Every Day!

ケン・ブランチャード＝プロデュース
ティム・テンプルトン＝著
門田美鈴＝訳

祥伝社

単なる知り合いが顧客に変わる本

まえがき

ケン・ブランチャード

ティム・テンプルトン著作の本書『単なる知り合いが顧客に変わる本』が、ベレットーコーラー社のブランチャード・シリーズの第一作になることに、私は胸躍らせている。このシリーズを始めるにあたり、私はリーダーやマネージャーのために、簡単でわかりやすく、寓話仕立てで、人間精神の最善のものを高める、単純な真実と深甚《しんじん》な知恵を与えてくれる本を作ろうとした。読んだ人たちがみな、まわりの大事な人たちに話すようなものにしたかった。『単なる知り合いが顧客に変わる本』は、それにぴったりなのである。

私たちは、多くの期限に追われ、行くところもやることも多いため、ちょっと立ち止まって、目標達成に手を貸してくれた人々に感謝する暇もない。『単なる知り合いが顧客に変わる本』は、そうした人間関係が、私生活でも仕事でも、どんなに貴重であるかを教えてくれる。本書を読めば、あらためて人間関係の大切さを知るとともに、ビジネスをシンプルにし、拡大するのに役立つ多くの真実が見つかるはずだ。
折《おり》よく私は親友のヴィンス・シシリアーノから、この素晴らしい本のことを聞いた。彼は私が信頼し、大切に思う人物である。その強い絆《きずな》があればこそ、『単なる知り合いが顧客に変わる本』を手にとる気になり、一気に読んだのだった。

本書を読みながら、私はいつのまにか自分自身や従業員たち、家庭や職場での人間関係を振り返っていた。そして、黄金律（何ごとも人にせられんと思うことは、人にもそのごとくせよ／新約聖書マタイ伝）にしたがい、人間関係を第一に考えるようにすれば、ビジネスも私生活も素晴らしい、安定したものになるに違いないと思った。私はすぐさまそのことを、一番大事な人、妻のマージに話したくなり、その後、私たちはほかの家族やわが社の重要なリーダーたちに話した。

人間関係を第一にするという考え方は、複雑なものではないが、多くの組織で当然のこととされてきたものではある。もし顧客を増やし、もっと多くの紹介者を得、現在の顧客にさらに優れたサービスを提供したいなら、『単なる知り合いが顧客に変わる本』こそが、その答えになるだろう。

本書が、ちょっと立ち止まって現在の人間関係を見直し、ないがしろにするのを戒《いまし》めてくれるのは間違いない。

ティムに感謝したい。私たちが互いにいかに大事な存在であるかに気づかせてくれたのみならず、手を取り合ってビジネスの目標を達成する道を示してくれたのだ。

本書を手に取ってくれたあなたも、ビジネスで成功をおさめ、貴重な人間関係が生涯にわたって続きますように。

単なる知り合いが顧客に変わる本　もくじ

第2章　成功への正しい組み合わせ

第3章　原則1．250×250の法則――重要なのは、顧客が知っている人

第4章　原則2. 顧客データを作り、ABCにランク分けする

第5章　原則3. 強力な支持者を作り出す

第6章　原則4．あなたにとってうまくいくシステム

装幀　坂川事務所
本文イラスト　江口修平

登場人物

スージー・マカンバー

販売営業のビジネスを半年前に始める。電話勧誘に自信を失っていたとき、それに代わる「ハイグラウンド・ビジネス・システム」に出会う

デビッド・マイケル・ハイグラウンド

チャックが紹介してくれた謎めいた人物。「単なる知り合い」が「顧客」に変わる「ハイグラウンド・ビジネス・システム」の開発者

チャック・クレップス

カリフォルニアの海辺の小さな町にある、カリフォルニア・コーヒー・カフェ&ビストロの店主

シーラ・マリー・デブロー

町でもっとも有名な不動産業者の一人。誰に対しても家族のように接するタイプの女性

ポール・キングストン

町いちばんの自動車販売店、ランチョ・ベニシア・オートパーク社の新車販売のマネージャー

フィリップ・スタックハウス

若くしてウォールストリートの株の売買で成功。40歳を過ぎたばかりだが、だれもが信頼するフィナンシャル・プランナー

サラ・シンプソン

「今年の女性起業家」に選ばれた若手の起業家。卸問屋を営む、シンプソン・システムズ社の社長

第1章 勧誘の電話に代わるもの

カリフォルニアの小さなカフェ

今日もカリフォルニア・コーヒー・カフェ＆ビストロでの朝は、申し分なかった。ここは、カリフォルニアの海辺の小さいが豊かな町、ランチョ・ベニシアの住民のお気に入りの場所だ。港からの霧が通りに流れ込み、常連客はちょっと立ち寄ったり、おしゃべりしたりして、こぢんまりしたカフェでくつろいでいた。

店主のチャック・クレッブスは、古びたオークのカウンターの後ろに立っていた。このカウンターは、町が19世紀に大型帆船の寄港地で、この店が波止場の船乗りたちのたまり場になっていたころからあったものだ。チャックは、この現代の社交場とそれがもたらしてくれた友人たちのために、そのカウンターと見事な金色のエスプレッソ用器具の間で立ち働くことが誇《ほこ》らしかった。

彼はちょっとまわりを見回し、微笑《ほほえ》んだ。彼のお気に入りの常連客が4人いた。店の中央でダブル・モカが入った大きなカップを手にしているのは、シーラ・マリー・デブロー。町でもっとも有名な不動産業者のひとりだ。ひかえめに言っても異彩を放っていたが、漆黒の髪に派手な服装で、従業員たちと楽しげにおしゃべりしているその刺激的な女性が、朝のざわめきのなかでお気に入りのテーブルにいるのは、いやでも目にとまる。

チャックは、彼女がひとりでいるところを見たおぼえがない。いつも誰かといっしょで、もちろんそれはお客が増えるということだったから、チャックにはありがたかった。そして、彼に対するのと同じように、誰に対しても常に、シーラ・マリーは家族のように接するのだった。

「チャック！　お代わりをたのむよ！」声のするほうにチャックが顔を向けると、これも常連客のポール・キングストンだった。ラフな服装の30代の好漢で、からになったバニラ・ラテのマグを差し出している。

ポールは隅《すみ》の席に陣取り、新聞のスポーツ欄を広げ、自分のマグを傾《かたむ》けるのが常だ。彼もまた、あらゆる人々を知っており、あらゆることに耳を傾けている信用できる男のひとりで、自分の見知ったことを周囲の誰かれとなく教えたがり、町一番の自動車販売店の販売管理の仕事を生き甲斐《がい》にしていた。

チャックは、ポールに対する悪口は1つも聞いたことがなかった。ポールはあまりラテにカネをつぎ込まないようにしたいと言っている、という悪口以外は。なのに、ラテのお代わりを注文したことにチャックは笑ってしまった。

外のテラスには、若いサラ・シンプソンがいた。まだ28歳なのに「今年の女性起業家」に選ばれた女性で、いま御前会議をやっている。今日は火曜日だ。火曜日と木曜日はいつも朝8時半かっきりに、トップ・セールスピープル8人とミーティングを行なう。

ビジネスがすべてで、それに誇りをもっているエネルギッシュなサラは、チャックの店のパラソルの下、温かいカリフォルニア沿岸の風のなかで、システム・セールス・コンサルタントたちと早朝ミーティングを行なうのが好きだった。「みんなにダブル・エスプレッソをお願いね、チャック！」と言うのが彼女の朝の挨拶《あいさつ》だった。チャックはきまって彼女にトリプルを出したが、彼女は気づいていただろうか。

それから、フィリップ・スタックハウスがいた。高価なローファーを履《は》いて大またで颯爽《さっそう》と店に入ってくると、はつらつとしたようすで手を振って朝の挨拶をしながら、ホイップ抜きのカプチーノの大を注文する。

フィリップは40歳をすぎたばかりながら、人脈づくりに長《た》け、若くしてウォールストリートの株の売買で豪腕を発揮したところから、ランチョ・ベニシアではフィナンシャル・プランナーとして信頼されていた。誰もがそれを知っており、誰もが彼を信頼していた。

「いつもの？」チャックはフィリップが入ってくるとさっそく声をかけた。フィリップはトレードマークになっている親指を立てるしぐさをして、そうだと示すと、古いオークのカウンターに近寄り、きっかりの代金を置いて朝の一杯を待ち受け、チャックは記録的な速さでそれに応《こた》えた。

スージーの悩み

フィリップがはつらつとしたようすでドアのほうを振り返り、コーヒー好きの紳士に笑顔で挨拶するのを目にしたチャックは、腰に手をあてたまま、その光景に心のなかでにっこりした。そのとき、ふと気づいた。スージー・マカンバーがカウンターにひとりで立ち、スプーンでコーヒーをかきまぜてできた輪をじっと見つめている。ミルク入りのヘーゼルナッツ・コーヒーは彼女のいつもの飲み物だ。

チャックは彼女に近づいた。

「どうも」

スージーは顔を上げた。「ハイ、チャック」

「どうですか?」

「元気よ」彼女はぼんやり答え、なおもカップを見つめている。

チャックは身を乗り出した。「いや、どうかしたのかなってことなんですが」

スージーは今度は顔を上げもしなかった。「あら、本当はそんなことに興味はないでしょ、チャック。でも、聞いてくれて、ありがとう」彼女は神経質に指でカウンターをつつきはじめた。

チャックはそばの大きなガラス瓶からビスコッティをとって紙ナプキンに置き、それを小皿にのせると、彼女の手元にそっとすべらせた。指が止まり、スージーが顔を上げて彼を見た。

「いいえ」チャックは言った。「興味がありますよ」

スージーにもわかった。かすかに笑みをうかべて言った。「そうね、いいわ。じつは、私、岐路に立ってるの」

「何の岐路に？」

「ビジネスの岐路。本当に自分が望んでいたものを手に入れられそうにないのよ。それで、どうしていいかわからないの。なんとかして自分のビジネスを成功させたかったんだけど。きまりきった勤め以上のものをめざしたかったたし、ほかの誰かじゃなくて私自身の夢のために働きたかった。わかる？」

「ええ」チャックはため息をつき、まわりを見回した。「わかりますよ」

「自力で生計を立てたかったの。誰かの気まぐれに左右されるような給料をもらうのではなくて。だから、精一杯頑張《がんば》ったし、貯金もした……そう、あえてそうしたの。でも」ちょっと口をつぐみ、ビスコッティをつまんだ。「うまくいってないの。あきらめなくちゃならないかもしれないわ」頭を振った。「電話での勧誘がまったくだめってこと。私、うまくやれないの。だめなのよ」

「それじゃだめだ」

驚いて、スージーは顔を上げた。

「ただカネが儲《もう》かればいいわけじゃないんだろ？」チャックは言った。

「そうよ。そうでなきゃいけなかったの。でも、たぶん私はただただ時間を費やすしか能がないのよ」

チャックはカウンターに寄りかかり、腕組みをしてスージーをながめながら考えていた。

とうとうスージーはたまりかねて言った。「どうなの？　どこか間違ってる？」

デビッド・ハイグラウンド氏との出会い

チャックはにっこりした。「あなたが思っているほどじゃないよ。いいですか。ある電話番号をお教えしましょう。かけてもいいし、かけなくてもいい。だけど、もしかければ、そう、たとえば私の場合、電話して相手の男性に会って、その人の言うことに耳を傾けた」彼はにぎわっている店内を示してみせた。「結果はこのとおり」紙ナプキンとペンを取り上げ、電話番号をメモすると、スージーの前にすべらせた。

「デビッド・マイケル・ハイグラウンドという人です。何年か前、親友のひとりが教えてくれましてね。で、いま私も同じことをしているわけです」

スージーは不安だった。これまでいろんな売り口上を耳にし、本もたくさん読み、成功するための素晴らしい考え方にもあれこれ耳を傾けてきた。いまさら新しい発見があるだろうか？　また幻滅するだけかもしれないのに、やってみる元気はない。

「いや、ハイグラウンドのやり方は、これまであなたが聞いたどんなものとも違うよ」

スージーはひどく驚いた。「あなた、心も読めるの？」

「いいや。考えていることがわかるだけだよ。これも新手の売り口上にすぎないんじゃないか、とね」

「だけど、人間関係を問題にしている売り口上があったかい？」彼は聞いた。「つまり、しかるべきことを、しかるべきときに、しかるべき理由で行なうビジネスを築くことについてだけど。人間関係を第一に考えるべきだとする――発展の基礎を黄金律（何ごとも人にせられんと思うことは、人にもそのごとくせよ／新約聖書マタイ伝）に置くべきだとする――売り口上を聞いたことがある？」

「だいじょうぶ」チャックは笑った。「デビッド・マイケル・ハイグラウンドはカネ儲けのためにやってるわけじゃない！　私の知っている人のなかでもっとも成功している人物だ。カネは問題じゃない。必要なカネはもっている。志《こころざし》と充実感のためなんだ。そのために人に助け船を出しているんだ」紙ナプキンをそっと彼女のほうへ押しやった。

「電話してごらん。それでどうなったか教えてよ」そして、彼は新しいお客の相手をしに行った。

スージーはナプキンを見て、チャックを見、またナプキンに目をやった。ぼんやりとビスコッティをつまみ、何回かコーヒーにひたして口に運んだ。チャックはまた忙しくなり、スージーは再び途方《とほう》に暮《く》れた。

やがて、コーヒーを飲みほすと、持ち物を取り上げ、席を立ったが、ふとナプキンのことを思い出した。

自分でも驚いたことに、手を伸ばして取った。それから、チャックを一瞥《いちべつ》すると店を出ていった。

一本の電話

車に乗ると、スージーは自動車電話の受話器を取り上げ、また下に置くと、ナプキンに走り書きされた電話番号を見つめた。いろいろな思いが頭をかすめ——月末の自動車電話の請求書のことなどではない——ためらった。私は大それたことを夢見ているのかもしれない。それなりの人物ではない——それなりのものを持ってもいない。

だが、チャックが話してくれたことがある。

彼女はため息をついた。明らかに助けが必要だ、間違いない。それに、失うものは何もない、これも間違いない。心を決めた彼女は電話番号をプッシュし、通話ボタンを押した。

「はい？」聞こえてきた声は意外なほど温かかった。

「もしもし」彼女は不安を押しかくして言った。「もしもし……私、スーザン・マカンバーと申します。デビッド・ハイグラウンドさんとお話しできますか？」

「私がそうですよ」声が答えたが、やはり友好的だった。

彼女は温かい応対に、ちょっと口をつぐんだ。いつもは見知らぬ人からそんな応対を受けることはない。数知れない人々と話してきたが、勧誘の電話を受けた人たちも、電話した彼女自身も、いつも不快な思いをした。

彼女はほっと息をついた。「ハイグラウンドさん、おじゃまでないといいのですが。コーヒーショップのチャックがあなたのことを教えてくれて、電話してみなさいと言ってくれたんです。あなたに助けられた、きっと私も助けてもらえるはずだと」

電話の向こうで彼がにっこりするのが見えるようだった。「ああ、そう、チャックね。いい人だ。彼の友だちなら、私にとっても友だちだよ。どんな助けが必要なんだね？」

スージーの不安はもう消えていた。

そして、意外なことに、彼女はすべてを話しはじめていた。

「あのですね、私、半年前にあるビジネスを始めたんです。ですが、いま伸びなやんでいて、問題は私自身にあるのではないかと思えてきたんです。つまり、初めは順調だったし、私が加盟した会社は素晴らしく、社員もとても親切だし……本当にいい仕事だと思ってます。でも、どういうわけかうまくやれないんです。つまずいてしまって、元に戻れそうになくて。私はまるで……まるで……」何週間も認めようとしなかったことをやっと口に出した。「負け犬のように思えます」

まったく見ず知らずの人に打ち明けたことが信じられなかった。だが、何週間も地元の商工会議所のネットワークづくりのミーティングに出席し、教わったとおりの電話勧誘のやり方を実践してみても何の成果も上がらず、苛立《いらだ》ちがつのっていた。

周りの多くの成功している人たちが気にかけてくれ、励《はげ》ましてくれることは嬉しかった。しかし、ほかの人たちのように成果を上げられそうになかった。新しい顧客を獲得し、維持することができなかったからだ。なんとか1日に数人にはアプローチしようとしたが、どんどん減って、電話の前で考え込むしかなくなった。毎日、いろいろなビジネスの親睦会を探し、新しい通信販売の考え方や、本やテープといった、自分を助けてくれるちょっとした手がかりを見つけようとしたが、日を追うごとに、自信がなくなっていった。

「スージー」ハイグラウンドの温かい声に、スージーの暗い気持ちがふっとなごんだ。

「あら、ごめんなさい」スージーはきまり悪そうに言った。「本当にすみません。どうしてもそのことばかり考えてしまうんです」

「スージー――こう呼んでもいいかな？」

「もちろん」彼女は答えた。「友だちはみな、そう呼びます」

「スージー、きみはけっして負け犬なんかじゃない」とハイグラウンド。「誰もが通り抜けなければならない地点にいるだけなんだ。マントルピースの前にいるんだ」

「マントルピース？」彼女は繰り返した。「暖炉のことですか？」

ハイグラウンドは笑い声をあげた。「そうだよ。マントルピースの前は考えごとをするのにいい。よいことが起きるところだ。きみに手を貸すのにもいい場所だ。というのも、きみが前進しつづけるためには、新しいプランが必要だからだ。きみは前進できる、請《う》け合うよ。わかるかな？」

「よくわかります」スージーは答えた。

「よろしい。ただし」ハイグラウンドは続けた。「私の手助けは万人に役立つわけじゃない。私の考え方あるいはビジネスのやり方は、すべての人の生き方や要求に合うわけじゃない。だから、いくつか聞いておかなければならないことがある。いいだろうか？」

「けっこうです」スージーは言った。「当然だと思います」

3つの質問

「よろしい。第1の質問は『**きみは自分が好きか？**』だ」

スージーは笑い出しそうになった。なんて質問なの？　自分が好きかですって？

彼女はハイグラウンドの言うことに耳を傾けた。「言い替えれば、もっと自分らしくなり、誰かのまねをするのではなく自分の天賦《てんぷ》の才能を磨《みが》きたいか、ということだ」

「そんなふうに考えたことはありませんでした」スージーは答えた。「私、いまの自分に100パーセント満足しているとは言えませんが、私自身のことは、そうですね、イエスです。基本的には、自分が好きです」

「たいへんけっこう」ハイグラウンドは言った。「きみが自分に満足しているかどうかを聞いたんじゃない。私は人々に手を貸して、もっとその人らしく生きられるようにする。ありのままの自分でいることこそが人々を惹《ひ》きつけるのだ」

スージーは気持ちが明るくなった。なんて素晴らしい考え方なのだろう。

「そこで、第2の質問だ、スージー。**きみは自分の扱う製品や会社をよいものだと思っているか？　誇りを持って会社のあらゆる面にかかわっているかね？**」彼は聞いた。

「問題はカネを稼《かせ》ぐことだけじゃない。

いいかい、私が示そうとしているのは、どうやって生涯にわたってきみときみの会社を支持してくれる人々を作り出すかということで、そのためには、きみ自身が心底から納得していなければならないんだよ。誇りを持って会社とかかわっていれば、たとえきみがどこかに転職したとしても、支持してくれる人々は、変わらずきみを支持してくれるはずだ。きみがすすめるものであれば、その会社の製品やサービスは間違いないものだと考えるだろう」

「確かにそうですね」スージーはきっぱり答えた。「私が自分でビジネスを始めたのはそのためです」

「素晴らしい」ハイグラウンドは言った。

「では、第3の質問。これがおそらくもっとも難しい。**きみは〝最後まで頑張る〟気があるか？**　人はみな違うし、それぞれに適したやり方がある。だが、1つきわめて重要なことがある。『明確な一貫性』がなければならない、ということだ。

きみはすぐに成果を上げるだろうが、本当に長続きする効果、つまりビジネスや生活を築く基礎になるものだが、それはこうしたマーケティング方法を日々、変わることなく一貫して、4カ月ほど実行して初めて生まれる。それから、徐々に作り上げられ、深まる。結局、こういうことだ――きみは一連の行為、それには勧誘の電話や人を不快にすることは含まないが、日々一定の行為に、専念しつづける気があるか？」

スージーはちょっと戸惑《とまど》った。しかし、いやだとは思わなかった。

「ええっと、イエスです。そうしたいと思います」彼女はきっぱり答えた。

「よろしい、スージー、私もだ」彼は言った。「よければ、今日の午後3時ごろ、あのコーヒーショップで会おう」

「はい、うかがいます」

「けっこう。では、のちほど」

スージーが返事をする前に、ハイグラウンドがまた口を開いた。

「あっと、もう1つ」

「はい？」

「きっとうまくいくよ」

スージーは受話器を静かに置いた。

これでいいのだろうかと思った。だが、チャックを信頼していたし、このハイグラウンド氏はチャックの親友のようだ。

彼女は鏡の中の自分にちらっと目をやった。「それに」自分に言った。「あなたには失うものは何もないのは確かだわ」

彼女は行くことにした。

第2章

成功への正しい組み合わせ

チャックとの友情

3時きっかりに、スージーはチャックのカリフォルニア・コーヒー・カフェ&ビストロに入っていき、チャックとその温かい笑顔に迎えられた。彼は手を振り、湯気の立っている彼女のいつもの飲み物のカップを差し出すと、うなずいて近くのテーブルを示した。彼女はカップを手にとり、そちらを見た。

2人掛けの小さなテーブルに、手作りの「予約席」の札と大きな白いコーヒーカップが置かれている。まわりを見ても誰もいなかったが、スージーは歩み寄った。白いカップには濃いブラックコーヒーらしきものがたっぷり入っている。彼女は自分のカップを向かいに置くと、ゆっくり腰を下ろした。

「こんにちは」

スージーは飛び上がった。白髪で、きちんとして、洗練された服装の男性が、横に立っていた。

「驚かせるつもりはなかったんだが。デビッド・ハイグラウンドだ」

彼女は立ち上がった。「あら、いいえ、何でもありません。私が気づかなかっただけですから……」謎めいたハイグラウンド氏に、口ごもりながら言った。

チャックのほうをちらっと振り返ると、彼はだいじょうぶだよというように親指を上げてみせて、仕事に戻った。

ハイグラウンドは大きく微笑《ほほえ》むと、向かいのイスを手で示した。「座って話そう、スージー」

彼女に続いてハイグラウンドも腰を下ろした。彼女はコーヒーをひと口すすったが、ふいに思っていた以上に不安になり、落ち着かなくなった。だが、チャックのことを考え、彼を信頼していたので、心を開いて話をしようと決心した。

ハイグラウンドはそれに気づいていたに違いない。こう言ったからだ。

「まだ迷っているんだね？　よくわかるよ。しごく当然のことだ。でも、私がここに来たのは、旧友が引き合わせてくれたからだよ、そうだろ？」

「そうです」ちょっと戸惑《とまど》いながらも、彼女は素直に答えた。

「そう、だから、彼に対して、きみの面倒を見る責任が私にはある。なぜかって？　チャックとのつき合いはどんなサービスやプログラムよりも大事なんだ。だから、彼とのつき合いを重んじて、きみの手助けをしたいと思っている」

そのひと言で彼女の気持ちは軽くなったが、新たな疑問もわいてきた。「どういうことでしょうか？」

「つまりね、この原動力こそが、きみがこれから2日間に学ぶあらゆることのカギになるものだということだ。別の角度から見てみよう。きみはチャックの友情を大事に思っているだろ？」

「はい、思っています」

「それなら、もし彼から何か頼まれたら、やってあげたい、ちゃんとやってあげたいと思わないかい？」

「もちろん、そうです。彼をがっかりさせたくはありません」

「なぜ？」

「友情を大事に思っているからです」

「そのとおりだ。それがまさに要点なんだ。友情が製品やサービスより重要だということを理解し、常に友情を第一に考えるなら、きみの現在のクライアントも、新たにきみの人生に入ってくる人々もそれに気づき、きみの行動からきみが誠実な人だと知り、喜んできみのことを友だちや仲間や知り合いに話すだろう。彼らの知っている人で、きみの製品やサービスを必要としている人を紹介しても、きみが望みどおりの対応をしてくれるとわかっているから」彼はちょっと考えた。「例をあげたほうがいいかな？」

「はい」

新しいビジネスライフ

「ニワトリ小屋のような世界を考えてみよう。私たちはニワトリのような顧客を探し、走り回って追いつめたニワトリに製品を売りつけてもいい。1羽つかまえれば、その夜はけっこうなチキン料理が食べられるけれど、また別のニワトリを見つけてつかまえなければならない。他方、もしニワトリたちとの関係を築き、世話をし、太らせ、つき合いをつづけ、ほかのニワトリにも私たちのことを話してもらえば――一生、オムレツが食べられる。もう毎日、新しいニワトリを見つけなくてもいい」

「素晴らしいですね」スージーはにっこりして言った。「たとえ私がオムレツを好きでなくても」

ハイグラウンドは笑い声をあげた。「もちろん。私はオムレツが好きだけど、だがきみは要点をつかんだようだね」イスに深々と座った。「確かに、驚くほど単純なことだ。しかし、ビジネスであまり耳にしないことだろ？　ほとんどのプログラムはヒットエンドランだ。ひとりに球を当てては、また走って、新たな顧客を見つけて球を投げる。考えてみるといい。ほとんどの大手企業は、何カ月も、ときには1年もかけて強力なマーケティング・プログラムを作り上げる。だが、狙《ねら》いは商談をまとめることだけだ。顧客との関係を育《はぐく》もうという考えはない。だから、いずれ競争相手に、顧客も顧客が紹介してくれる人も持っていかれることになる。また、きみがどのタイプの人間であるか、それが自分のプラスになるかマイナスになるかを考えるのにどれだけ時間がかかる？　時間はかからない。そうじゃないかい？」

スージーはこれまで参加したいろいろなセミナーや講演会や会議のことを考えた。いずれも、マーケット、マーケット、そして売れ、売れ、売れ、だった。クライアントというのは、顔のない顧客だった。そして、問題は常に、どうやって顧客を見つけるか、だった。主眼はクライアントとの関係を築き、維持することには置かれていなかった。

「はい」彼女は認めざるをえなかった。「そのとおりだと思います」

「しかし、それを裏返せばどうなる？」ハイグラウンドは手のひらを返すしぐさをした。

「クライアントが第一で、製品やサービスはその次、ということだ！　つまり、私はチャックとの関係のために、きみの手助けをしたい、というわけだ。正直に言って、もし私たちに共通の友だちがいなかったら、ここに来てたかい？」

「いいえ」彼女は認め、コーヒーをひと口すすった。「たぶん来てなかったと思います。悪気はないのですが」

「そういうわけで、きみはここにいて、チャックとの関係のために、私に時間を割《さ》いている。そして、もしチャックが私たち2人を大事に思ってくれていなかったら、私たちはここに座っているだろうか？」

「いいえ、いないと思います」彼女は言った。「人間関係。それは重要ですが、でも、長い目で見て、どんな効果があるんでしょう？　あまりにできすぎています」

ハイグラウンドは笑みを浮かべた。以前にも同じことを聞かれたらしい。「いまきみが知ろうとしていることは、ビジネスと人生を築く基礎になるものだ。それは新しい顧客と現在の顧客にもあてはまる。始めていいかな？」

スージーは小さくうなずいたものの、まだ少しよそよそしかった。

「そのうちわかるよ」彼は言った。「もう少しがまんして」

それから、小さなノートを取り出し、彼女の前にすべらせた。「これは、これから2日間のきみの『作業場』になる。その後は、きみの行動計画と、きみが学んだすべてと、きみが知る必要があるすべてになるだろう」

スージーがカップを置いたひょうしに、ノートにコーヒーが少しかかった。

「まあ、なんてこと！」彼女は息をのみ、あわててナプキンでぬぐった。

ハイグラウンドも手を出し、2人ともふき出した。

「すみません」スージーは言った。

「そんなことないだろ？　きみの新しいビジネスライフにとって、かっこうの洗礼《せんれい》になったじゃないか――チャックのコーヒーなんて！」

ありのままの自分でいなさい――自分を知るための4つの「窓」

「どうも。どうぞ、そのままで！」

入り口のドアのところから声が聞こえた。ハイグラウンドは振り返ると、手を振った。

「きみに会ってもらう人たちのひとりだ！　シーラ・マリー！　調子はどうだい？」

シーラ・マリーは手を振って応《こた》えると、連れの2人のところに戻り、彼女のお気に入りのテーブルに案内した。

「スージー、これからの2日間で、4人のさまざまなタイプの人に会ってもらう。きみと同じような状況にいた人たちで、あの女性もそのひとりだ」

スージーは頭をめぐらせた。「もちろん、あの方は存じてます。ここの常連ですもの」

「もうひとりいる」ハイグラウンドはポールを指さした。カウンターのところに立って、代金を払って出ていこうとしている。

ちょっと意外に思って、スージーは言った。「ここにいる人はみな存じてます」

「そのことを考えてごらん。驚くべきことじゃないか？　きみはチャックを知っている。彼らもチャックを知っている。フィリップとサラもだ。彼らはあとの2人なんだがね。当然、きみはこの2人も知っているだろう。むろん、彼らもチャックを知っている。私たちはみな、驚くべき数の人々を知っており、その人たちはまた驚くべき数の人々を知っている。しかし、彼らはみな、きみと同じようだったんだよ、少し前までは」

「みんな、私と同じようだった？　とても信じられません。みなさん、すごく……成功しているように見えますもの」

ハイグラウンドは少し考えてから、教えさとすように言った。「成功者になるには彼らのようにならなければならないと思う？」

「落とし穴がありそうな質問ですが」

「第１の質問を覚えているかい？」

「はい、私は自分が好きか、です。とても興味深い質問でした」

ハイグラウンドはうなずいた。「私は何年間かこのやり方を教えてきて、ごく基本的ながら重要な事実を悟《さと》った。他人を変えることはできないし、変えるべきでもないということだ。行動習慣をいくらか変えて、少しは欠点をなくすことはできるが、長続きはしない。

私たちはみな、生まれながらに一定の分野の才能を持っており、その自分らしさを抑《おさ》えるのではなく、伸ばすべきなんだ」彼はその言葉を強調するために少し間を置いてから、続けた。

「あそこにシーラ・マリーがいるだろ？　彼女が伸びなやんでいたのはなぜか、わかるかい？　彼女は、私の言う『人間関係－人間関係・タイプ』の人間なのに、自分を押し殺して『ビジネス－ビジネス・タイプ』になろうとしていたんだ。事業で生計を立てるにはそうならなければならないと思ったからだ」

「人間関係－人間関係・タイプ？　ビジネス－ビジネス・タイプ？」スージーはおうむ返しに繰り返した。

「じゃあ、もっとわかりやすく説明しよう」ハイグラウンドは言った。「**私たちはみな、4つの『窓』のいずれかを通して、ビジネスや人間関係を見ていると**思う。他人も同じように窓を通して私たちやその生き方を見ている。私たちが自分らしい生き方をしていないとき、つまり誰かほかの人のようになろうとしているときは、どんなにそう見せようとしても、どこか居心地が悪いものだ。そうすると、クライアントも居心地悪く感じてしまう」

スージーは眉《まゆ》をひそめた。「4つの『窓』とおっしゃいませんでした？　あとの2つは何ですか？」

「それじゃ、４つすべてを詳《くわ》しく見てみよう。常に他人を受け入れようとする人がいるだろ？　そういう人は、人間関係‐人間関係・タイプだ。中間にいるのが、人間関係‐ビジネス・タイプと、ビジネス‐人間関係・タイプだ。もう一方の端が、ビジネス‐ビジネス・タイプで、最終結果にしか関心がないタイプだ」

「私はどれでしょう？」

ハイグラウンドは笑みを浮かべた。「それはきみが考えることだよ。実際、これからの２日間で、自分がどのタイプかわかるだろうし、どうやってそれを受け入れ、仕事に生かせばいいかわかるだろう」

「そうすれば、ありのままの自分でいられるし、私の知っている人のそのまた知人にまで人脈が広がる？」

「そのとおり」

「そして、それがうまくいくのは、人を第一に考えているから？　人間関係は最終結果よりも重視される。それによって、不思議なことに、おのずと最終結果がついてくる？」

「そのうち、それもわかるだろう。だが、そう、考え方がわかってきたようだね」

スージーはノートを開いた。中は4つに区分されており、それぞれに「成功への正しい組み合わせ」という言葉の下に、ダイヤル錠のイラストが載っている。ページをめくってみて、顔を上げた。「誤解しないでほしいのですが、ハイグラウンドさん、すごく簡単なことだと思います。なぜみんながそうしないのでしょう？」

「諺《ことわざ》にも、木を見ていると森が見えなくなると言うだろ？　たいていの人が日々、ビジネスで倒木をよけることばかり考えて、人々にきちんと対応し、適切なことを行なうことは簡単だし見返りもあるということに思いいたらない。だが、これは効果的なことなのだ——きみを中心に作ることだからだ。それに、単純に見えるが、底は非常に深い。第3の質問を覚えているかい？」

スージーは素早く頭をめぐらせた。「ええっと、『最後まで頑張《がんば》る気があるか？』」

「それによって効果が上がるかどうかが決まる。私は魔法を売り込んでいるわけじゃないのだ、スージー。私のやり方が効果あるのは、それが事実にもとづいているからだ。適用すれば大きな成果が上がるという事実にね。きみに『最後まで頑張る』人間かどうか尋《たず》ねたのはそのためだ。きみが最後まで頑張る人間であれば、その実践方法をきみにも教えたいという人たちに引き合わせることになる」ハイグラウンドはノートを指さした。「1つめの原則を読んでごらん」

ハイグラウンドの教え――成功への4つの原則

ダイヤル錠のイラストには、矢印が1つついており、それは1番を指していた。その下に、ある言葉が書いてある。スージーは大きな声で読み上げた。

「原則1．250×250の法則。重要なのは、あなたが誰を知っているかだけではない。あなたの顧客が誰を知っているかが肝心《かんじん》なのだ」

彼女はハイグラウンドを見上げた。

ハイグラウンドは身を乗り出した。「明朝、きみはシーラ・マリーと会う。彼女がそれについて教えてくれるはずだ。じゃあ、次を読んで」

ページをめくった。同じようなダイヤル錠のイラストがあったが、ダイヤルは移動していて、矢印は2番を指していた。まるで歯車が回ったように。彼女はその下の文章を読み上げた。

「原則2．データベースを作り、ABCにランク分けせよ」

「それはポールが説明してくれる」ハイグラウンドは言った。「私たちは昼食時に彼に会うことになっている」

ハイグラウンドは再びノートを指さした。「それじゃあ、原則3」

ページをめくった。同じようなダイヤル錠があったが、またダイヤルが動いて、矢印の下には3番が来ていた。彼女は読んだ。

「原則3．『ご一報ください』。顧客に、あなたの仕事と、あなたが有用であることを、どんなときでも具体的な行動を確実に行なうことによって教えよ」

スージーはちょっと戸惑っているようだった。

ハイグラウンドも気づいた。「心配しないでいい。すぐにすっかりわかるよ。フィリップがこの原則を説明してくれるし、彼はその達人だから。さあ、最後の原則を読んで。それはサラが担当してくれるはずだ。彼女も素晴らしいよ」

スージーはページをめくった。

ダイヤル錠の矢印は今度は4番を指しており、錠は開いていた。どういうわけか、彼女の顔に笑みが浮かんだ。彼女は読み上げた。

「原則4．たえず、個人的に、計画的に、連絡を取り続ける」

スージーは開いているダイヤル錠に再び笑みを浮かべて言った。「この喩《たと》えがわかったわ」

ハイグラウンドは彼女のほうに顔を向けた。「私の4人の『原則にもとづいた生き方をしている』友人たちに会えば、それが喩え以上のものだとわかるはずだ。きみは多くのものを手に入れるだろう――むろん、この組み合わせを忘れなければだが」

スージーは少し困惑しながら、小さくうなずくと、ノートを閉じた。「これを持っててもいいですか？」

「いいとも。明日、それを持っておいで。きみの好きなペンかエンピツも。それぞれの原則の下に、きわめて重要なメモを書きつけることになるだろうから」

そう言うと、ハイグラウンドは立ち上がった。「きみはきっと疲れただろうし、ちょっと混乱もしていると思う。それでも明日を楽しみにしてくれてるといいんだが」

スージーも立ち上がった。「はい」心から言った。「楽しみにしてます。ありがとうございました」

ハイグラウンドは満面に笑みを浮かべた。「まだ礼を言うのは早いよ。きみはスタートしたばかりだ。明日、午前8時にここに来て、シーラ・マリーと会うといい。そのあとで私と会う。いいかい？」

「あなたは同席してくれないんですか？」スージーは再び少し困惑した。

「シーラ・マリーが充分面倒を見てくれるよ。だいじょうぶ。彼女は人間関係－人間関係・タイプの人だ。すぐにわかるよ。彼女、愉快《ゆかい》な人で、明日の朝きみに会って手助けするのを心から楽しみにしている」

彼女のほうを向いた。「どうしてかわかるかい？　そういう性分なんだ。そういう人なんだよ」手を振ると、ハイグラウンドはもうドアのほうに向かっていた。

「素晴らしい2日間になると思うよ、スージー」振り返ってそう言い、姿を消した。少なくとも、スージーには、彼が姿を消したように思えた。

あたりを見まわしても、コーヒーショップはいつもどおりの憩《いこ》いの、楽しい場所であることに変わりはない。だが、どこか違っていた。

スージーは手を伸ばし、ノートに触れた。

「素晴らしい人じゃないですか？」後ろで声がした。チャックがたくさんのコーヒーカップを手に、通りすがりに話しかけたのだ。「シーラ・マリーもそうですよ。では、また明日の朝」

チャックはどうして知っているのだろう？ ちょっと不思議な思いで頭を振ると、スージーはチャックに手を上げて挨拶《あいさつ》し、ノートを取り上げ、外に出た。車のところまで来ると、謎めいたハイグラウンド氏がいるような気がして、まわりを見回した。

その意外な思いに、スージーは眉を上げた。「きっといい兆候だわ」独《ひと》り言《ごと》を言った。翌朝が楽しみになってきたわ。心からそう思った。

第3章
原則1．250×250の法則――重要なのは、顧客が知っている人

「人間関係－人間関係・タイプ」のシーラ・マリー

翌朝、８時ちょうどに、スージーはゆっくりコーヒーショップに入り、見回した。シーラ・マリー・デブローは、彼女を引き立たせる淡《あわ》いブルーのリネンの服に、鮮《あざ》やかな色のスカーフを身につけ、いつもの奥のテーブルに今日は別のカップル――上品な白髪の男女で、２人とも70代――といっしょにいた。

ためらいながら、スージーはオークのカウンターに歩み寄った。

「おはよう、スージー。いつものですか？」チャックが聞いた。

スージーは微笑《ほほえ》んで挨拶《あいさつ》し、うなずくと、シーラ・マリーのほうを振り返った。

「そう、彼女ですよ」チャックの言葉に、スージーは驚いた。

「会うことになってるのを知ってたの？」

「はい」チャックは答えると、彼女にコーヒーを渡し、代金をレジに入れた。

「きっと彼女を好きになりますよ。彼女は人間関係‐人間関係・タイプだから」スージーが何か言う前に、彼はほかのお客の相手をしに行った。

スージーはしばらくシーラ・マリーを見ているうちに、彼女のことをとてもよく知っているように思えるのはなぜなのか、気づいた。町のあちこちにある「売り家」の看板の半分に彼女の顔が出ているからだ。

ふいにスージーはひどく気後《きおく》れを感じた。

これはうまくいかないわ、スージーはドアのほうへ引き返しかけた。だが、そのとき、店内の向こうから送られてきたシーラ・マリーの輝くような1000ワットの微笑み――それは人々の注意を引かずにはいられない――を浴びせかけられた。少なくとも、彼女にはそう感じられた。

スージーは振り返り、ゆっくりシーラ・マリーに目をやると、はたせるかな、彼女がこちらに微笑みかけていた。

シーラ・マリーはスージーに手を振ると、人さし指を立てて「1分だけ待って」と合図し、それから立ち上がってカップルをともなってドアへ向かった。3人はスージーの立っているすぐそばを通ったので、いやおうなく会話が耳に入った。

スージーが聞いたことからすると、その裕福そうなカップルは個人的な理由でこの土地に引っ越し、最初からやり直したがっていた。シーラ・マリーは2人の話に耳を傾けていた。なんと、彼女が耳を傾けているのだ。とても親身になって聞き、本当に心を動かされているように見えた。一度など、年配の女性の腕に、励ますように手を添《そ》えさえした。

「じゃあ、その家はうちの娘と孫息子の特別な条件にかなってるというのね？」女性は聞いた。

シーラ・マリーの返答は、考えさせられるものだった。不動産市場のことや、売り出し中のもののことを話すのではなく、こう言ったのだ。「もしもかなっていなかったら、別のものを見つけますわ。ですが、私の請負業者の友人が見れば、かなっているかどうかはすぐわかりますから」

カップルはほっとしたように顔を見合わせた。

それからシーラ・マリーはいっそう安心させるように言いそえた。「前にも申しあげましたが、信じてください。新しい土地に移り、知り合いがひとりもいないというのは、誰にとってもたいへんなことですし、ましてそのような重大な事態ならなおさらでしょう。お客さまが家を購入なさると、新生活に私もあるていど責任があると思っています。ですから、どうか私を近所の仲間と思ってください。また、いまでも、1年後でも、お孫さんのことで何か困ったことが起きて、私がお手伝いできるようでしたら、おっしゃってください。私のアシスタントも私もこの仕事をしているのは、正直なところ、人のお手伝いをするのが大好きだからなんです」

年配の男性はとても喜んでいるようだった。「あなたはジョージが言っていたとおりの方だね、シーラ・マリー。そうじゃないかい、マギー？」

老婦人はほっと息をついた。スージーには安堵《あんど》のため息のように思えた。

シーラ・マリーは2人の感謝の言葉にとても喜んでいるようだった。「では、昼食後にお目にかかりましょう」彼女はそう告げ、２人も別れの挨拶をした。

努力が実を結ばないのは、自分を偽っているから

スージーが動きださないうちに、シーラ・マリーが朗《ほが》らかな様子で歩み寄ってきた。

「スージー？　スージー・マカンバーでしょ？　デビッド・ハイグラウンドは人を描写するのがうまいわ」

「はい、スージーです」

「よかったわ。ハイグラウンドからあなたのことはみんな聞いてるの。とても有望だって言ってたわ」

スージーは少し元気づけられた。自分ではさして有望だとは思えなかったが。「ええっと」ちょっと当惑しながら言った。「彼は初めからそうおっしゃってくださったのですか？」

「そうよ。信じることよ。彼が間違っていたことはないわ。

さあ、車に乗りましょう。あのカップルのために別の物件を見なければならないの。選んだ家がだめだった場合のためにね」

スージーは、コーヒーカップを置くか置かないかの間に、もうシーラ・マリーにせき立てられてドアを出、止めてあった車のところに連れていかれた。車は白いベンツで、「シーラ・マリー」の名入りのナンバープレートがついている。

その美しい車の黄褐色のレザーシートにゆったりと身をしずめたスージーは、思っていることを口に出した。「人生を完全に掌握してらっしゃることに感服しています、シーラ・マリー。素晴らしく成功し、落ち着いておられる」

「いつもこうではないのよ」シーラ・マリーはスージーに目を向けた。ちょうど角を曲がったときだ。

「デビッドに引き合わされたときは、何も掌握できないでいたの。神経をすりへらし、自分はダメな人間だと思ってて、何の役にも立たない状態だったわ。でも、デビッドは言った。『シーラ・マリー、きみは人間関係－人間関係・タイプなのに、ビジネス－ビジネス・タイプだと世の中に認めさせようとしていることが問題なんだ』どんなに努力しても実を結ばなかったのは、自分を偽っていたからなの。本来の自分とは違ったふうに見せようとしていたの。わかる？」輝くような笑顔をスージーに向けた。スージーは笑みを返すしかなかった。

「だけど、『人間関係－人間関係・タイプ』って、実際はどういう意味なんでしょうか？」

「いい質問ね。それはハイグラウンドが午後、詳《くわ》しく説明してくれるはずよ。

まあ、私の場合、人間が好きで、人間関係がとても大事だと思っていて、常に、自然に、人間関係をビジネスや金銭的なニーズより優先するタイプだということね。でも、だから私は優れたビジネスウーマンじゃないと思ってたの。いいこと、私は顧客との人間関係より『ビジネスプログラム』を優先するおそれはまずなかった。ビジネス－人間関係・タイプや、とりわけビジネス－ビジネス・タイプは、ただただ利益によって動かされているように見えるおそれがある。私はそうじゃない。問題は、生計が立たなかったこと。仕事の相手にどんなに好意を寄せたとしてもね。

そんなとき、デビッド・マイケル・ハイグラウンドに会ったの。彼のちょっとした指導で、私は自分の個性、自分の人生に合ったやり方、システムをとりはじめることができた。そして、4カ月もたたないうちに、私のビジネスは一変したの」

もっとも経済的なマーケティング法

信号を曲がり、車は高級住宅街に入った。

「そのシステムが私にも、そして私の仕事にも効果があると思いますか？　つまり、あなたは取引で多額の手数料やその他もろもろが入る不動産業者ですが、私の仕事にも当てはまるのでしょうか」

赤信号で止まり、シーラ・マリーはスージーのほうを向いた。「その質問の答えとして、いくつか質問をさせてもらえる？」

「はい」

「あなたのビジネスでは人間関係は重要？　クライアントひとりが、一生のうちにあなたの扱う製品をどれくらい購入するでしょう？　あなたらしい、つまり熱心だけれどあまり積極的ではないマーケティング方法を、あなたはどう思う？　顧客から手に入れる料金よりもむしろ顧客の幸福に関心があると、あなたは思われている？　あなたは常に、有効なシステムを持っているという自信がある？　つまり、もっとも強力かつ経済的なマーケティング方法――口コミ――を活用している？」

スージーは笑みを浮かべた。「いまおっしゃったことは、すべて質問の形をとっているだけだと思います」

シーラ・マリーは彼女のほうを見た。

「ある意味ではね。でも、必ずしもそうではないわ。それに、一番大事なことは最後にとっておいたの。これこそデビッド・ハイグラウンドが私から説明させたかったことよ。

２５０人からなる熟練のセールス集団で、給料を支払う必要がなく、人々にあなたとあなたのビジネスがいかに素晴らしいか話してくれる人たちを、あなたは好ましいと思う？」

スージーは笑いだしそうになった。

「好ましくないと思う人がいるでしょうか？」

「そのとおりよ」

彼女はそう言うと、じっくり調べるつもりの売り家の縁石のところに車を止めた。

大事なのは、本当の「知り合い関係」を築くこと

「私の場合」彼女は続けた。「まわりの人々はたえず自分たちの『知り合い』を紹介し、私がその『知り合い』を『うまく働かせる』よう助言してくれたの。私は自分がそうやっていると思っていた――ハイグラウンドに会うまではね。

『シーラ・マリー』ハイグラウンドは言った。『きみは『知り合い』というような言葉を使っている。だが、どういう意味かわかっているかい?』もちろん、私は何も言うつもりはなかったけど、何か大事なことを、彼は言おうとしているのだとわかっていた。

それから彼はこう聞いた。『シーラ・マリー、明らかにきみにビジネスをゆだねるとわかっている『知り合い』に対して、きみは何らかの友好的な働きかけをしているかい?』

私は唖然《あぜん》とした。言うまでもなく、ノーだったから。そのときから、私は本当の『知り合い関係』を築き、維持するのに必要なものを学んできたの」彼女はスージーに顔を向け

た。「こういうことを聞いたことがある？」

スージーはショルダーバッグから新しいノートを引っ張り出した。「ハイグラウンドさんがくださったノートです。そして、あなたがおっしゃったことはこの中の第1原則のように思えるのですが？」

「そのとおりよ」シーラ・マリーは言った。

「原則1．250×250の法則。重要なのは、あなたが誰を知っているかだけではない。あなたの顧客が誰を知っているかが肝心《かんじん》なのだ。

つまり、私が好んで言うように、重要なのはあなたが知っている人々だけじゃなく、あなたの顧客が知っている人々なのよ。そして、私のような人間にとって、友だちになれるかもしれない人が２５０×２５０人いるようなものね。毎日、どんな人に会えるか楽しみよ」彼女は苦笑いをした。「そう、私は仕事のそういうところが大好きなの。ほんと、いまはそれなしの人生なんて考えられないわ。ほんの2年前には新しい顧客を見つけようと、ダイレクトメールから広告までありとあらゆる方法におカネを浪費していたなんて、信じられないわ。電話で売り込みをする人まで雇ってたのよ」シーラ・マリーは続けた。

「信じられる？　私自身、勧誘の電話をして、人に私がしたくないことをさせようとするのは大嫌いなのに！　まったく皮肉なことね！　ブローカーからほかの業者を訓練しようとしているのかと聞かれたくらいよ！」彼女は頭を振った。「いまでは信じられないように思えるわ。そして、最悪なことに、売上げを上げるためにやっていた電話勧誘――私は、自分の『素晴らしい』電話勧誘のスキルが、ある種のエキスパートのように見えていたわ――は、ほとんど成果が上がらなかったので、それを補うためにさらに人を雇うはめにおちいっていたの！」

シーラ・マリーはスージーを見、スージーはシーラ・マリーを見た。そして、2人とも笑いだした。なごやかな雰囲気だった。

「まったく」シーラ・マリーは笑ってにじんだ涙をぬぐった。「ばかばかしいことよね？」

「そうですね」スージーは革張りの座席に手をはわせながら言った。「でも、必ずしもばかばかしいとは言えないかもしれませんね」

「わかってきたようね。不動産業者から家を買った人々を対象にした全国調査で、次回も同じ業者から買うかという問いに、約80パーセントがそうすると答えてるのを知ってる？

でも、個別の調査では、実際に同じ業者から買ったかという問いに、イエスと答えた人は10パーセントしかいなかったのよ。

　別の見方もあるわ。もし人々の面倒を見、彼らが引っ越すたびに取引ができるなら――80パーセント――それだけで、年間50件の取引をすることになる。悪くないわ、平均的な不動産業者が行なう取引は年間15件以下であることを考えればね……私もあのプログラムを始める前はそうだったんだけど。それなりの努力をして連絡を取り続け、関係を維持していればそれだけで、私が知っている人々と取引できたでしょうに。スージー、私が手に入れたかもしれない紹介者を――競争相手が手に入れたのだけど――すべてあなたが作り出せたならどんなに素晴らしいかしら……」

　彼女はため息をついた。「そう、いまは私、過去の顧客とデータベースに載っている２５０人の人々に細かい注意を払っているわ」スージーを見やった。「何か質問がある？」

つまり、単なる知り合いが6万2500人の見込み客に

「はい。もし250人もの人を知らなかった場合はどうなんでしょう?」

「よく聞いてくれましたね、ミズ・マカンバー」シーラ・マリーはマーケティング・セミナーの講師然とした声で言った。それから、再びぷっとふき出した。「あなたはどのくらいの人々を知っていると思う?」

「わかりません。実際に数えてみれば、100人くらいいるでしょうか」

「数えてみるといいわ。はるかに多いことがわかって、びっくりするわよ。私もそうだったの。ハイグラウンドは、私が250人の人々を知っていると言った。本当に、かなり近かったわ。それから、彼は250×250の法則を教えてくれたの――私の知っている250人の面倒を見、そのほかの彼のやり方にもしたがえば、それだけで彼らそれぞれの知っている250人に私のことを話す気にさせることができる。あなた、計算は得意?」

スージーは素早く暗算してみた。「でも、シーラ・マリー、そんなのありえないわ。6

万2500人の見込み客ができることになりますよ！」

「素晴らしいじゃない？　それが顧客基盤として考えることができる数なのよ。というのも、彼らは不動産業者が必要になったら私のことを考えてくれるでしょうから。なぜかって？　彼らの友人のひとりが、私が連絡を取り続けている、満足な取引をした人だからよ。そして、もし私が最初の２５０人と満足な仕事をし、私が信頼できて専門家であると証明すれば、彼らは喜んで私のことを引き合いに出してくれるでしょう。それが健全で基本的な人間性というものよ」

「わかりました。でも、シーラ・マリー、私は２５０人もの人を知りません」

「あら、知ってるはずだわ」

「いえ、知りません」

　シーラ・マリーはくすくす笑った。「まあ、ぜったい知ってるわよ。私、言ったでしょう？　私は１５０人近くを知っていた。頻繁《ひんぱん》に連絡を取っていなかったかもしれないけど、知っていた。それから、ハイグラウンドがどうすれば素早く簡単に新しい人間関係を作ることができるか教えてくれたの、**3つの『魔法の質問』**でね——きっとあなたもすぐにわかると思うわ。私は自分が厚《あつ》かましいように感じなくてすんだ。そして、原則4を身につけ実践するようになると、みんなが私の言うことに耳を傾けてくれるようになったの――いつも、確実に。そして、それからすべてが始まったの」

スージーは頭を振った。「本当にそれを理解したのですね」

「いまは理解してると思う。でも、ハイグラウンドに会うまではわかっていなかった」

「でも、シーラ・マリー、どうもできすぎているし、簡単すぎるように思えるのですが。ほんとにそうなら、なぜみんながあなたのおっしゃった健全な基本的な人間性を信じ、紹介と人間関係によって生計を立てないのでしょう?」

シーラ・マリーは車のドアを開けた。「さあ、いっしょに来て。話を続けましょう」

「どうしてこの国の大多数が肥満に悩むと思う?」

シーラ・マリーは空き家の中に促《うなが》し、専門家の目で内部を眺《なが》めはじめると、スージーに聞いた。「絶好の例題があるわ。あなた、何かトレーニングをしてる?」

「はい」

「それは簡単なこと？　続けるのは容易？」

スージーはちょっとどぎまぎしてシーラ・マリーを見た。「ええっと、そうでもありません。もし週に3回、ジャズダンスで友人と顔を合わせなければ、やり続けられないと思います。でも、私は続けています」

「あなたには簡単な日課があって、それによって健康でいられ、体調を整えられると信じている、そうね？」

「そうです」

「じゃあ、そんなに簡単なら、どうしてこの国の大多数が肥満に悩んでいるのかしら？」

「日課を守らないからだとおっしゃるんですね？」

「そう。始めても、やがて節制を破る」

「なるほど。落とし穴があるとわかっていました」スージーはため息をつきながら言い、寝室のドア枠《わく》に寄りかかった。シーラ・マリーは家のあちこち、あらゆるところを調べていた。

「やっかいな落とし穴がね」シーラ・マリーはつけ加えた。

しっかりチェックしたシーラ・マリーは、玄関ドアのほうへ追い払うしぐさをし、スージーは愉快《ゆかい》に思った。シーラ・マリーは好ましかったし、好きにならないではいられなかった。

「打ち明けると、私、とても心配なことがあるんです」スージーはだしぬけに新しい友人に言った。「いったいどうすれば古い知人みんなに親友のように接することができるんでしょう。ここ5年、誰にもクリスマスカードすら出していないのに！」

シーラ・マリーは笑いだした。「だいじょうぶ。いま私たちはたどるべき道筋がわかっているわ。私たちはみな、同じプロセスをへて、このシステムをうまく働かせるようになったの。あなたが『打ち明ける』と言ったのは当たっているわ。それこそあなたがやるべきことよ——みんなに簡単な手紙を書いて、きちんと連絡を取ってこなかったけれど、これからはそうする、と打ち明けるの。簡単なことよ。フィリップが、私が『知り合い』に送った同じような手紙のコピーをくれるはずだわ」

「ほんとに!?　助かります」スージーは言った。「ずっとやましく思っていたんです。私って、すごく行ないがよかったに違いないわ」再び、ほとんど同時に２人は顔を見合わせ、大笑いした。

外に出ると、シーラ・マリーは腰に手を当て、ちょっと足を止めて暖かい日光を浴びた。「いい日和《ひより》じゃない？」

スージーはあたりを眺《なが》めた。確かに、そうだった。それまで気づいていなかった。

パーミッション・マーケティング

振り返ると、シーラ・マリーはもう元気いっぱいに車のほうに向かっていた。スージーはあわててあとを追った。

シーラ・マリーは車のロックを解除すると、ルーフ越しに笑いかけて言った。「ねえ、新しい友人を作る、ちょっとしたヒントをもう1つあげるわ。これは私が不動産業界で言う『ファーム（飼育場）』に関して行なったことだけど、『ファーム』とは基本的に、個人的なコネを持っていない特定の地域のこと。そこで、業者は『ブランド意識』を作り出そうと、大金をつぎ込んでその地域全体にダイレクトメールを送り、返事を待つ。でも、多額のカネをそそいでも、大した利益はあがらない」

「だけど」彼女は続けた。「ハイグラウンドは『人間関係のあるファーム』を作れと言ったの。それは単純ながら、この上なく効果的な考え方だとわかった。彼は私に10週間、週に50回、私が飼育する地域を訪ねさせた。そこで、こう言うの。『どうも、私はシーラ・マリーと申しまして、かなりの間、この地域の不動産についての情報をお届けしてまいったのですが。少しお時間をいただけませんか？』承知してくれたら、次のような簡単な質問をする。『もしもお友だちや親戚が不動産を買いたがるか売りたがっていたら、教えたいと思うよい業者を知っておられますか？』」

「答えがイエスなら」シーラ・マリーは続けた。「時間を割《さ》いてくれたことにお礼を述べ、彼らが名をあげた人はきっと素晴らしい業者だろうと言い、それから彼らの名前をリストから削除して、それ以上のマーケティング経費を節約し、次に移った。もしノーと言ったら、今後も連絡を取ってもいいか尋《たず》ねた。これはパーミッション・マーケティングと呼ばれるやり方で、いまや私は連絡を取る許可をもらい、個人的な関係を作ったわけなの。

予定の10週間もたたないうちに、私は多額の費用を節約し、個人的なコミュニケーションによって『にわかに』成功者になったわ。スージー、私はほどなく人間関係のあるファームを作りあげ、クリフビュー地域で顧客数でも売上高でも一番の業者になったの。あなたもこの方法を現在の顧客リストに用いることができるわ。あなたのビジネスに合った言葉を入れて、電話する許可をくれた人を増やせばいいのよ！　諺《ことわざ》にもあるように、月曜日の朝あなたのビジネスのことで電話する人がいなければ、そういう人ができるまでは失業状態である」

「すごい！」

「スージー、ハイグラウンドは３つの質問をしなかった？」

「そうですね。**私は自分が好きか？　自分の扱う製品を信頼しているか？**　そして、**最後まで頑張るか？**　この３つでしょうか？」

「その３つよ。そして、３つめのは、すぐに取引に結びつかないかもしれないけれど、訓練プログラムのようなものだわ。あなたはいまそれを楽しんでるでしょ？　それがなかったらきっとうまくいかないわ」

「そのとおりですね」

「それから、あなたはきっと立派にやれるわ。私たちはみな忙しくて、ちょっと立ち止まって、本当に生活のよりどころにしたいと思う基本的な真実を実行に移す時間はないと思っている。必要なのは、**自分自身を理解し、手数料の小切手よりも人間関係のほうが長年にわたる価値があることを理解する**ことだけ。ドル記号を求めてさまよってはいけないわ、私のように——私、まともじゃなかった。人々が必要なものを手に入れるのを手助けすることに邁進《まいしん》するのよ。そのほうがはるかに楽しいわ。達成感が得られるのは言うまでもないし」

コーヒーショップに近づくと、シーラ・マリーは言った。「さて、感想は？　原則1はすっかりのみ込んでくれた？　原則2に送り出してもいいくらい？」

「そう思います」

シーラ・マリーはスージーの腕に手をやった。「いいこと、ハイグラウンドが今日と明日示してくれる簡単なシステムを信頼し、考え方をほんの少し変えるの。それがきっとあなたの人生を変えてくれるはずよ。私の場合そうだった。あなたの名刺をもらえるかしら。あなたのことを気にかけ、どうなるか見守るつもりだけど、いい？」

コーヒーショップの前に車を止めた。スージーはドアを開けて降りると、名刺をシーラ・マリーに渡した。シーラ・マリーも自分の名刺を渡すと、車のギアを入れる前に言った。「私の名刺を持ってるんだから、私にできることがあったら何でも言って、家探しも含めて。忘れないで！　重要なのはあなたが知っている人たちだけじゃない。あなたの顧客が知っている人たちも同じように重要なのよ！　連絡をたやさないで！」

そして、愛情をこめて手を振って、シーラ・マリーは走り去った。

1番目の課題

「スージー！」

振り返ると、デビッド・ハイグラウンドが近づいてきていた。ひとりの男性をともなっている。前日、店で彼が指さした男性だ。

「スージー、今朝はどうだった？」ハイグラウンドは聞いた。

「素晴らしかったです」正直な答えだった。「シーラ・マリーは本当に興味深い方です」

ハイグラウンドは笑った。「そうだね。原則1をよくわからせてくれたかい？」

「250×250の法則ですね。『重要なのは、あなたが知っている人々だけじゃない。あなたの顧客が知っている人々も同じように重要なのよ』って。そうでしょ？」

「そのとおり。さて、ポール・キングストンを紹介しよう、スージー。ポール、こちらがお話ししたヤングレディ、スーザン・マカンバーだ。友だちはスージーと呼んでいる」

ポールは小柄で、まばらな砂色の髪をした、感じのいい、でもどこにでもいそうな男性で、ちょっと人から見くびられるようなところもありそうだった。そして、スージーもそのような印象を受けた。

「こんにちは」彼女は言った。

「お会いできて、嬉しいですよ」ポールはスージーが差し出した手を両手で握って言った。スージーは思わず彼を見返した。

「ポールは昼食をともにしたいそうだが、いいかね？」

「はい、もちろん」スージーは答えた。

「けっこう。予約した時間までまだ30分ほどあるから、きみの1番目の課題をやるのにちょうどいい。ポールと私は少々やることがある。今日持ってくるように言ったペンかエンピツは?」

彼女はショルダーバッグをたたいた。「あります」

「それに、ノートも?」

「ノートも」

ハイグラウンドはテープとプレーヤーとヘッドホンを差し出した。「きみのために作ったテープだ。大部分は私の好きなクラシック音楽だがね。きみは静かなところに座って、テープを聞き、その指示どおりにする。昼までには迎えにくるよ。向こうのレストラン・カプリで昼食をとろう」彼は海岸の2、3ブロック先を指さした。「それでいいかな?」

彼女がヘッドホンを受け取るとすぐ、ハイグラウンドとポールは行ってしまった。彼女はぶらついてベンチを見つけた。目の前に崖《がけ》やヨット、彼女が大好きな美しいカリフォルニアの海岸線が広がっている。

もう長いこと、こんなにくつろいでゆっくり景色を楽しむことなどなかったことに気づいた。潮《しお》の香《か》のする空気を吸い、カモメの鳴き声を聞きながら、彼女はノートとペンを取り出し、テープをプレーヤーに入れ、ヘッドホンをつけた。モーツァルトの曲を背景に聞こえてきたのは、次のようなものだった。

人間関係を築く3つの「魔法の質問」

スージー、これから、このシステムがきみに役立つようにするための第一歩を踏み出してほしい。きみのハイグラウンド・ノートに書かれた原則１のあとの空欄に、１から２５０までの数字を書き込みなさい。

古いのも新しいのも含めて、きみがどれほど多くの人間関係を持っているかに気づき、納得する演習として、きみの知っている人すべてをリストアップしなさい。学校、教会、家族、食料雑貨店やクリーニング店の人のように、日常生活でのつき合いを通じて知っている人たちを。コンビニの店員や車の整備士なども、長年見知っていれば数に入れる。

私の経験からすると、きみは１００人はかなり自信を持ってあげることができると思う。残りは、指導を受けて、無視していたり忘れていたりしている人を見つけなければならないだろう。典型的なつき合いの相手を思い起こしてほしいのは、そのつき合いがきみが始動するのに役立つと思うからだ。

また、安心してほしいのだが、仮に彼らがきみの主張に重きを置かなかったとしても、他人を大切にし、思いやりを持てば、容易にリストを増やすことができるだろう。自分自身のニーズより人々のニーズを優先させればいいのだ。

3つの魔法の質問をするという手もある。きみはどうすれば250人もの名前をあげることができるか不安に思っているようだが、方法はたくさんある。だが、優れた方法としてあげられるのが、次のような簡単な3つの質問をして相手のことを知ることだ。今度、誰か初対面の人に会い、自己紹介をする時間がもらえたら、尋ねてみるといい。

1. あなたはどんな仕事をしていますか?
2. それのどこがもっとも好きですか?
3. 今ふりかえってみて、仕事をもう一度やり直せるなら、どうなると思いますか?

そして、それに続ける文句が、「詳しく話してください」。

必ずや、友人を増やすことができるだろう。

きみはいっそう興味を持ってもらえるし、未知の人や見込み客と会うプレッシャーやストレスは少なくなる。きみはシステムを持っているので、見本市やビジネスの親睦会、カクテルパーティーなどにも、「厚かましいセールスパーソン」だと思われないかという心配なしに出かけられる。

新たな知り合いと歓談したら、最後に「お会いできて、楽しかったです。これからもおつき合いをよろしくお願いします」と言おう。それから、名刺を交換し、翌日には簡単な挨拶状を送る――相手は「売れ口」ではなくひとりの人間として注目されたことで、あなたに関心を持ってくれている――そして、つき合いを始めよう。

これは、パーミッション・マーケティングと呼ばれる。楽しいし、人間関係を築くチャンスが得られる方法だ。やがて、あなたのビジネスの話にも進んで耳を傾けてくれるようになるだろう――勧誘の電話などしなくても！

では、音楽を楽しみ、作業にとりかかりなさい！

スージーはノートを開き、番号を書き込もうとして、一瞬、考え込んだ。これまで、勧誘の電話をかけ、断られることに、なぜあんなに時間を費やしてしまったのだろう。単に「3つの魔法の質問」をし、連絡を取る許可をもらうこともできたのに、と。

それから、彼女は大急ぎでこれまでつき合った人たちを書き出していった。姉妹、牧師、以前の仕事での友人たち、教師たち、かかりつけの医師と歯医者、保険のセールスマン。あのコーヒーショップのチャック、美容師のジェイン、洗髪係のエイミー、いつも昼食をとる店のお気に入りのウエートレスのジョニも書き出した。不動産の売り主、現在の顧客、過去の顧客、ダンスクラブの人々も。誰かひとりが浮かぶと、続いてほかの人たちも思い出した。何も親友でなくてもいいんだわ、と彼女は思った。ハイグラウンドも、名前を知っていればいいのだと言っていた。

リストは増えていった。あらまあ、と彼女は思った。こんなに大勢の人たちを知っていたなんて。そして、どんどんスピードがあがっていった――ハイグラウンドが戻ってくるまでに、ずいぶん多くの名前をあげることができそうだった。

成功への正しい組み合わせ――成功への4つの原則

原則１．２５０×２５０の法則――重要なのは、あなたが誰を知っているかだけではない。あなたの顧客が誰を知っているかが肝心なのだ

・つき合いのある２５０人を、リストアップする
・リストに書き出す人を増やすためには、人間関係を築く３つの「魔法の質問」を使って、パーミッション・マーケティングを行なうと効果的
・成功への４つの原則を会得するための３つの質問。「自分が好きか？」「扱う製品を信頼しているか？」「最後まで頑張るか？」

「人間関係 - ビジネス・タイプ」のポール

肩をたたかれたとき、スージーは150人以上の名前を書き出していた。本人にも信じられなかった。ハイグラウンドはまたも彼女の心を読んだに違いない。

「そう言っただろ」彼は言った。

彼女はヘッドホンをはずし、立ち上がった。「驚きです」

「あと少しやれば、簡単に250人になると思うよ」ハイグラウンドは請《う》け合った。

「昼食に行けますか?」ポールが聞いた。

「おなかがぺこぺこです」

レストランに向かいながら、スージーは尋《たず》ねた。「どんなお仕事をなさっているんですか、ポール？」

ポールは笑みを浮かべてハイグラウンドをちらっと見やり、答えた。「自分らしい生き方ができる、つまり人々が手に入れたいものを得、なりたいようになるのを手助けすることができる仕事をしています。ハイグラウンドによると、私は人間関係‐ビジネス・タイプの人間です。わが社はさまざまな上質の製品を作っている素晴らしい企業で、会社を通じて私は製品を買ってくれた数多くの人々に喜びを与えているんです」

「ポールはランチョ・ベニシア・オートパーク社の新車販売のマネージャーなんだよ」ハイグラウンドが口を添《そ》えた。

「そのとおり」

スージーは思い直した。急に、この男性がそれほど小柄にも凡庸《ぼんよう》にも見えなくなった。その自信のある態度に、彼女は緊張がほぐれた。自分もセールスのときこんなふうに自信が持てたらいいのにと感じ、思わず口走っていた。「どうしてそんなに自信が持てるのですか？　周囲にも影響を与えます」

ポールは笑い、親しみをこめてハイグラウンドの肩に手をやった。「私が岐路に立っていたとき――つまり、ハイグラウンドが好んで言うように、『マントルピースの前にいた』とき――友だちを通じてこの人が現われて、手を差しのべてくれたんです。それまで誰もやらなかったようなやり方でね。ほかの人のまねをする必要はない、私の生来の能力を信じ、活用し、たえずそうするだけで充分すぎるほど周囲の人々のためになる、と言ってくれたのは彼が初めてです」

「ちょうどあなたがいまやっているように、私は2日間ハイグラウンドの考え方を学んだ」彼は続けた。「そして、物事のよりよい、より簡単なやり方を知った。**自分の製品や個人的なニーズを人間関係より優先してはいけない**、ということをじかに学んだのです。人々は気づくものだ。頭にドル記号があるのを見てとると、私を追い払ったのです。そして」彼はつけ加えた。「クライアントやセールスピープルの前で、**ありのままの自分でいる**ことを楽しめるようになりました。つまり、**管理とセールスに大いに成功している、率直そうな人間関係‐ビジネス・タイプの男**だということを」

「そう」ハイグラウンドは笑顔でつけ加えた。「確かにきみはそうだ」

「そして、それを誇《ほこ》らしく思っています。こういうことがすべてわかったのは、スージー、ハイグラウンドのちょっとしたシステムにしたがい、それを信じて、私が必要とした成果がもたらされたときです。私は**『ハイ・グラウンド（有利な立場）でビジネスを行なっている』**んです」ポールはデビッド・ハイグラウンドにうなずいてみせた。

「これは、あなたを称《たた》えてわれわれがつくった文句なんですよ、デビッド。ハイ・グラウンドは、誰もがビジネスでそうありたいと思うことですが、もっと重要なのは、これが**『ハイ・ロード（確実な道）』と同義**だということです。常に適切なことを行なおうとすることですが」

ハイグラウンドは微笑《ほほえ》んだ。「ありがとう、ポール。感謝するよ」

私たちは、３つのタイプの自分を持っている

レストランの前に着くと、ポールはドアを開けて２人を通した。

3人が腰を下ろした席からは、前方に港と断崖の眺望が広がり、水平線上を行く貨物船が見えた。

スージーは少しの間それを眺《なが》め、それから謎めいたデビッド・ハイグラウンドのほうを向いて、その日ずっと聞きたかったことを口にした。

「ハイグラウンドさん、シーラ・マリーに『人間関係‐人間関係・タイプ』ということについて尋《たず》ねたら、あなたが詳《くわ》しく説明してくれるはずだと言われました。説明してくださいますか？　私、自分がどういう人間なのか知りたいんです」

うなずきながら、ハイグラウンドはちょっと貨物船を見つめ、そして言った。「覚えているかぎり、私は人々に手を貸してきた、スージー。だが、つまるところ、人々をその人らしくない者に変えようとしても無駄だと思う。神は私たちおのおのに固有の能力を与えたのであるから、私がすべきことは、それぞれの状況にいる人々に会い、彼らがもっとその人らしく生きるのを手助けすることだ。

ある人によれば、私たちはみな、3つのタイプの自分を持っている——**第一はありのままの自分、第二は他人から見た自分、第三はなりたい自分。**自分をじっくり見つめ、信頼できる他人にも尋ねてみることで、**本当の自分がどういう人間で、他人はどう見ているかを見きわめることができる。**そうすることで、また、進んで習慣を変えることで、私たちはなりたい自分にぐんと近づくことができる」

ポールはちょっとメニューから顔を上げた。「そして、『うまくやりとげる』ためにどんな『今日の自分』を装《よそお》えばいいか思案しなくてすむ。ふーむ。本日のスープを見てくれ――ボストン風クラムチャウダーだよ。私はこれにしようと思う」

ビジネスにおける４つの個性

「スージー」ハイグラウンドは続けた。「昨日ちょっと話した、ビジネスにおけるタイプの４つの窓を覚えているかな？」

「はっきりとは覚えていないのですが」

ハイグラウンドは紙ナプキンを４枚取り、ポケットからペンを出すと、走り書きした。

１枚目の文句は、**「人間関係‐人間関係・タイプ」**だった。

「4つのタイプは、それぞれ2つの言葉からなる」彼はナプキンをスージーのほうへ押しやった。「初めの言葉は、ビジネスの人間関係における、他人から見たあなたと生来のあなたを表わしている。2番目の言葉は、あなたの生来の性向だ。人間関係－人間関係・タイプは、ひたすら人間関係を考えていると見られている人だ。どうすれば人の役に立てるだろうか、どうすれば人に好かれ、さらには愛されるだろうか、と考えている。こういう人々は自分の行動がビジネスでどういう結果につながるかはほとんど考えていない。考えたとしても、すぐに『人間関係』の観点からそれを正当化するだろう。だから、2番目の言葉も『人間関係』にならざるをえない」

次に、彼は「人間関係－ビジネス・タイプ」と書いた。

それをまたスージーの前に置いた。「2番目のタイプは、人と話すとき個人的な関係の観点に立ち、相手とのつながりに何より関心を持つが、話がビジネスのことになると、戦略的に考えはじめる」

3番目のナプキンには、「ビジネス－人間関係・タイプ」と書いた。

「どちらの言葉が先にきているかということに注意してほしい」彼はそのナプキンを前の

２枚のナプキンの上に置いた。「３番目のタイプは、２番目の反対だ。ちょっと考えると、ビジネスほど人間関係に関心を持っていない人ということになるが、ビジネスが成立したあと深い人間関係を築くだろう」

彼は最後のナプキンを取り、**「ビジネス‐ビジネス・タイプ」**と書いた。

「最後はビジネス‐ビジネス・タイプで、人間関係‐人間関係・タイプの反対だ。こういう人々はたいてい、人間関係を基礎にした私たちのちょっとしたシステムを用いようとすると苦労する。純粋にビジネス面で影響を与えた人々とつき合うことを自分で納得するまではね」彼はこのナプキンをほかのものの上に置いた。

「どれがいいのですか？」スージーはかなり真剣に聞いた。

「どれがよくて、どれが悪いということはない。私たちはどういう人間で、いかにして自分らしく生きるべきか、ということを表わしているにすぎない。しかし」彼は続けた。「**一貫性とプランがなければ、どの特性も役に立たない**ということに注意することが大事だ」

「そのことに注意することだ」ポールも言った。

「そして」ハイグラウンドは続けた。「仕事相手の人格の特性も見きわめることができれば、つき合いやすくなるし、どのように対応すればいいかがわかる。私たちはみな、行動パターンを変える能力を持っている。ポールはビジネス－ビジネス・タイプの人と会うとき、人間関係－人間関係・タイプのようにふるまおうと努めたりはしない。彼は率直に答え、率直に問題を分け、率直にセールスにとりかかる。そのほうが落ち着ける——彼の成績がそれを示している」

ポールはまっすぐスージーを見て、大きく微笑《ほほえ》み、ハイグラウンドはもう1枚ナプキンを取ると、**「頭の中で、問題を分け、相手のパーソナリティーにしたがって率直に質問をし、答えよ」**と書き、ほかのナプキンの上に置いた。

ABCDに分類すれば、活用できる

「私の最大の難関は」ポールは説明した。「私が人間関係を重視する男だということだった。私は多くの人に会ったが、必ずしも適切な人物に時間を費やしたわけではない——

『ハイ・グラウンド』を採り入れ、このシステムを用いてデータベースを作り、それをＡＢＣにランク分けし、まず戦略的に適切なプランを立てるようになるまでは。二度とやり直しをしなくてすむようにね」

「ＡＢＣにランク分けする？」

「そう。それはあとにしよう。いまは食事だ！」ポールはきっぱり言った。

３人は食事を終え、コーヒーを注文した。

「まずあなたに知っておいてもらいたい一番大事なことは」ポールはスージーに言った。

「あなたのことはハイグラウンドから任された。スージー、あなたは自分がやりやすいようにすればいい」

「それでは、きみたちだけで話すといい」ハイグラウンドは言い、立ち上がった。「じゃあ、あとで会おう」

「いつ？」スージーは聞いた。彼に消えたままになってほしくなかった。

「そうだね、戻ってくるときがきたら」彼はいつものように謎めいていた。そして、立ち去った。

「素晴らしい人だよね？」ポールは言った。「あなたに原則2を説明するように言われているので、そうしよう。どうすればあなたが望む人たちとだけ、あなたの思いどおりのビジネスをすることができるかを示そう。すてきだと思わないかい？」

スージーは微笑んだ。彼は温かいけれど、本題に入るときわめてビジネスライクだった。それは好ましかった。「あなたは人間関係－ビジネス・タイプですね。私もそうじゃないかと思います」スージーは言った。

コーヒーが運ばれて、ポールはひと口すすった。「私にとって、人間関係－ビジネス・タイプだということで面白いのは、私の特性に合った『ビジネス』をしてはいても、必ずしもビジネスライクなやり方をしていなかったということです。やり方を知らなかったわけではなく、適切なシステムを持っていなかったということなんです」

「でも、私にはとてもビジネスライクに思えますけど」

ポールはうなずいて見せた。「そう、ありがとう。だが、懸命にそう努めなければならなかったんだ、ほんとは。

そもそも、2年前に車を貸し出したことのある顧客に電話をし、改めてつき合いを始めるのは容易ではない。車のビジネスでは、セールスマンは売り込みを行なっている間は新しい親友のようになるけれど、その後もそうしたつき合いを続けるのは難しい。ごく少数の人しか紹介による強力な顧客基盤を得られないのはそのためだ。たとえつき合いを続けることを望んでいても、有効に働くシステムと考え方を持っていなければ、顧客基盤にすることはできないだろう」ポールは笑みを浮かべた。「原則２に進みましょうか？」

「お願いします」スージーはさっとノートをめくった。「『**データベースを作り、ＡＢＣにランク分けする**』とあります。どういう意味か教えていただけますか？」

「もちろん。あなたのデータベースに載っている人すべてをどう評価し、どうつき合えばいいか、その結果どうなるかをお話ししよう。ノートを見せてくれるかな？　２５０×２５０のリストを開けて」

彼女はそれにしたがい、ノートを彼に差し出した。

ポールは目を通した。「けっこう。さて、シーラ・マリーはあなたのデータベース――つまり、このリストがそうだが――のもつ威力を教えてくれたね。私がお教えしたいのは、どうすればそれがうまく効力を発揮するかということです。まず、これをＡＢＣにランク分けしなければならない、ハイグラウンドが私に教えてくれたように」

「ABCにランク分けせよ」スージーは繰り返した。

「そう、ABCにランク分けせよ。ハイグラウンドが言ったように、私には専任のアシスタントが必要だった。それほど始めるのに大変な仕事だった。しかし、原則4まで進めば、実現可能だということもわかるだろう。たとえいまは途方もないことに思えてもね」

スージーは眉《まゆ》をひそめた。

Aグループは、あなたの支持者

「よろしい、うまく表現できるかどうか考えさせて」ポールはちょっと思案した。「現在、全面的にあなたを応援してくれる人々、わざわざあなたに好意的なことを言ってくれる人々、あなたやその製品を高く評価していて、ほかの人に推薦してくれる人々がいるかい？　以前にあなたを推薦してくれた人々だが」

スージーは元気を取り戻した。「います。何人か思いつきます。何度も推薦してくれた人が何人かいます」

「素晴らしい」ポールは声をあげ、顔を輝かせた。「その人たちはＡグループ、つまり支持母体です。**Ａグループは、あなたを推薦してくれる可能性がもっとも高い人々。あなたの支持者、擁護者です。**このＡグループは、あなたが知っている人々の10から12パーセントになるでしょう。彼らはもっとも容易に見きわめられる人々です」

「では、Ｂグループはどういう人たちだろう？」

「それは私のセリフです」スージーは言った。

「なるほど、失礼した」ポールは笑った。

「よろしい。**Ｂグループは、あなたの主張を支持し、あなたが有用であるとわかれば推薦してくれると思われる人々です。**要点は、彼らのことをもっとよく知り、積極的によりよい関係を築くことです。良好で節操のあるつき合いを続ければ、多くがＡになるだろう。**Ｂグループについては、Ａにすることが中心になる。**このグループは見きわめるのが少し難しい。彼らは**17から20パーセント**になるだろう」

「そして、Ｃグループは？」

「Cのカテゴリーは、確信は持てないが、今後もつき合いを続けたいと思う人々です。おそらく、会ったことがあるか、簡単に紹介されたことがあるだけだが、名刺を交換しているので連絡をする権利はある。彼らがあなたの主張を支持してくれるか、あなたを推薦してくれるか――適切につき合い、教育したとしても――わからないが、そうしてくれることを望みたい人々です」

ノーサンキュー・リスト

「最後のカテゴリーは第一のものとほぼ同じくらい重要だ。これによって、ある程度ビジネスをコントロールすることができるから。それがDのカテゴリーだ。Dのカテゴリーは『削除』や『延期』と同義です。あなたが仕事をともにしたくないことがはっきりしている人々です」

「まさか。私、選ぶことができるかしら?」

ポールは苦笑した。「私たちはビジネスの相手だけでなく、相手として選ばない人々によっても評価される、という古い諺《ことわざ》がある。そう、そのとおりです。それはノーサンキュー・リストです。あまりビジネスの相手にしたくないリストだ」

「うわーっ」

「すてきな考えじゃないかい？　ノーと言えるなんて？」

「すてきですって？　とても無理に思えますけど」スージーは驚いた。「どうしてそんなことが言えるんですか？　何て言うんですか？　あなたはどのくらい頻繁《ひんぱん》にそう言っていて、相手は何て言います？」

「まあ、落ち着いて」ポールはまた笑い声をあげた。「そのうち、その話になるから。一歩ずつ進めていきましょう。それに、ハイグラウンドはそういうことがすべてわかっていて、実行しやすいようにしてくれていますからね」

「本当に？」

「本当です。私たちがここにいるのはそのためですよ。彼は一番素晴らしいものを最後にとっておいているんです」ポールはブリーフケースを開けた。「あなたにお見せするものがある。ＡとＢとＣに分類した私のデータベースのコピーです」ホッチキスでとじたコンピュータのプリントアウトを取り出し、スージーに渡した。

スージーはちょっとそれに目を通してから言った。「うわーっ、ポール。Aグループは思ったより少ないわ」

「あえてそうしてるんだ。

私たちが持っているものでもっとも貴重なのは、時間です。私は手紙でコミュニケーションを取っています。多くの場合、Aグループには毎月。とりわけ注意しているのは、どの人がAになりそうかということだ。彼らは私を推薦し、強力な支持者であるのみならず、私の主張を支持することが明らかでなければならない。こういう人々に、私は大半の時間とマーケティング費用を使っています。

ハイグラウンドはあなたが明日サラ・シンプソンを訪ねるよう段取りをしています。彼女がそのあたりを説明してくれるでしょう」

「わかりました」スージーは言った。「でも、あなたはどんなデータベースを使っているんですか？　私は何を使えばいいんでしょう？　ＣＲＭソフトの派手な宣伝を聞いたことがあって――これって、『customer relationship management（顧客関係管理）』という意味でしょう？　Ｅメールは採り入れるべきでしょうか？」

ポールは手を上げ、微笑んだ。「まあまあ。前に言ったように、すべてそのうちわかるよ。いいかい、素晴らしいプログラムはたくさんある――Act, Goldmine, Outlook などなど。あなたが使いやすいと思うものにすればいい。大事なのは、それを活用することです。必要なのは、Ａ、Ｂ、Ｃ、Ｄという活動範囲を作り出すことです！」

真の賞賛

ポールはブリーフケースを下ろした。「このシステムを持つ前は、私はなりゆきまかせで、積極的にビジネスをやっていませんでした。いまは、このシステムで新人すべてを訓練しています。人々がビジネスで最大の難関を突破するのを手助けする――末永《すえなが》く続くビジネス相手を見つけて――ことが、じつに楽しい。そして、もう『下手な鉄砲も数撃てば当たる式のマーケティング』などは説明しない」

スージーは首を振った。「ありがたいわ。大嫌いですもの」

「私もだ。私が言っているのは、**友人や仲間が私のことを強く勧めてくれた人と会う機会をつかむ――そして、たえずそういう機会をつかむことだ。**ちょうどあなたがハイグラウンドから私を推薦されたように。彼は私のことを高く評価したでしょう？」

「そのとおりです」スージーは言った。

「私は素晴らしい人物として差し向けられたわけだ、そうでしょう？」ポールは聞いた。

「ええ。言葉であれこれとあなたの素晴らしさを説明される必要はありませんでした」

「それこそが賞賛になる。それを台なしにしないように、立派にやってみせなければならないとしてもね。このシステムはそういうものなんだ。

過去を振り返ってみれば、ビジネスでも私生活でも、私たちは重要な人間関係はまず持っていないのではないだろうか？　ほとんどが推薦によるものであって。自分で作る必要がなく、間に立つ人がやってくれたんじゃないか？」

「まったくそのとおりです」彼女は再び納得した。「**人々がどのように評価するかは、相手の人が自分のことをどう言うかではなく、その友人や仲間がどう言うかによる**」

その言葉に、ポールは笑い声をあげた。「おやおや、スージー、ハイグラウンドみたいだよ！　わかってきたね！

だから、日々そうすることができるようにシステムを整えることが大事じゃないかな？　それがデータベースを分類することで可能になることなんだ。それによって、現在あなたが知っている人々すべてと、今後出会う人々すべてに積極的になれるでしょう。友人やビジネス相手を一生の関係として見るようになるでしょう。会う人すべてにビジネスを押しつけなければならないように感じたりしなくなるでしょう。そうすることが重要な人以外は」

顧客データベースを増やす「魔法の手紙」

「ポールはきみのＡＢＣたちを教えてくれたかな？」

ハイグラウンドだった。戻ってきて、テーブルのそばに立っていた。

ハイグラウンドはポールを見て言った。「時間があったら、スージーに教えてやってほしいと頼んだと思うのだが。きみの各販売店のこれまでの顧客のリストを『一例として取り上げ』て、データベースをどうやって増やしたかをね？　そうしてもらえるかな？」

「いいですとも、ハイグラウンド」ポールは勢い込んで言うと、スージーのほうを向いた。「私はリストの名前に無頓着でしてね、スージー。で、このハイグラウンドが、私に各営業所の過去の顧客のリストを出すよう要求したんです。

私は社長が過去のクライアントに送る手紙を作りました。基本的に、取引にとても感謝しており、これからも連絡をとって疑問や要望があれば応《こた》えていきたい、というものです。それから、社長に、手紙で、私をマネージャーであり何か疑問があれば接触すべき重要な人物として『紹介』させた。2、3日後、彼ら全員に電話をして、質問があれば答え、また個人的に連絡をとりつづけてもいいか尋ねた。

魔法のような効果がありましたね。75人以上もデータベースに『採り入れ』、じかに連絡をとるようになって。リストのほぼ全員に何回も新車を貸し出すか売るかしたし、数知れない推薦も得ました。参考までに、トゥレックという夫婦に出した手紙のコピーを持ってきましたよ」

ポールは手紙をスージーに渡した。

親愛なるケンとスーへ

お二人が私どもの販売店からＢＭＷの新車をご購入くださったことに、この上なく感謝しておりますことをお伝え申しあげます。私どものチームメンバーも私も、お二人に何か疑問や問題がございましたら、どうかお気軽に直接お電話をいただきたいと思っております。

最後に、弊社の新任マネージャーのポール・キングストンに、お二人が何か疑問や要望をおもちの際には個人的に力になってさしあげるよう命じました。ポールは折り紙つきの専門家であり、私たちは彼とともに働くことを誇りに思っております。彼は常に力になれる方々との絆を第一に考えています。

近々、ポールからご連絡申しあげ、自己紹介をさせていただくとともに、何か疑問がございましたらお答えすると存じます。
重ねて、よろしくお願い申しあげます！

敬具

ランチョ・ベニシア自動車グループ
社長　P．J．ストッダート

「すごいわ、ポール」スージーは手紙に目を通して言った。「私のクライアントにもそのまま同じことができます」

ポールは腕時計に目をやった。「もう3時なんだね？　いつのまにか時間がたってしまった。スージー、あと15分でちょっとしたセールス・ミーティングがある。きみも参加すれば楽しめるんじゃないかな。ちょうどわが社の新人社員を訓練しているところでね——

このシステムのあらましを教えてるんだ。参加したくないかい？」
「すてきだわ」
「そう言うと思ったよ」ハイグラウンドは言った。「じゃあ、行こうか？」

その後の1時間、スージーはハイグラウンドの隣の席で、ポールが自信を持って7人の新人セールスピープルに彼の製品や、製品の成功の見込みや、手数料よりも人間関係のほうが末永い価値があることを話すようすに魅了された。

いまやスージーは興奮していた。こんなことは初めてだ、と思った。このシステムを使えるようになれば、私も同じようになれるに違いないわ。

ミーティングのあと、スージーはポールに頼んで名刺をもらうと、彼にわかるように裏に大きくAと記した。それから、笑みを浮かべ、握手し、とてもためになったとお礼を述べた。

ハイグラウンドからの宿題

ハイグラウンドとスージーは、スージーの冒険が始まったコーヒーショップに向かって通りを歩いていた。

スージーには数知れない疑問があった。「ポールの話では、あなたはすべての段取りを整えているということでした――いつ何をするか、何をどのようにするかなど。そうなんですか？」

「まあ、そうだね」ハイグラウンドは微笑《ほほえ》んだ。彼はいつも女性が新しい発見をしていくのを見守るのが好きだった。スージーは前日の朝とは見かけも行動も別人のようだった。先が見通せるようになりはじめていた。

「大手企業はいずれも、最低でも1年間のマーケティング・プランを前もって作る。自社に対する一定のイメージを定め、従業員は全員それに同調しなければならないが、同時に自ら顧客を見つける方法を考え出すことを期待される。きみのような人たちのために私がやっているのは、1つの真実――黄金律――にもとづいた個人化したブランドに沿った強力なマーケティング・プランを与えることで、そうしたプランはスタートしたあとはそのことは考える必要がない。

そして、経験がなくよくわからない場合や、自分では動きたくない場合には、手助けしてくれる外部の助力を得ることができる。しかし、それは原則4ということになる」

スージーはバッグからノートを取り出し、そのページを開くと、読み上げた。「ええっと、原則4．たえず、個人的に、計画的に、連絡を取り続ける」

ハイグラウンドは満面に笑みを浮かべた。「そのとおり。だが、その前に、連絡を取り続けようとするとき何と言えばいいかがわからなければならないよね？　それが次の原則だ」

スージーは2、3ページ前に戻り、目で追った。「原則3．『ご一報ください』。顧客に、あなたの仕事と、あなたが有用であることを、どんなときでも具体的な行動を確実に行なうことによって教えよ」ハイグラウンドを見上げ、ため息をついた。

ハイグラウンドは彼女を見やった。彼女の気持ちがよくわかった。

「スージー、きみにやってもらいたいのは、今夜、静かなところで、1日を振り返ってみることだ。私はいくつかの目標に対してのちょっとしたあらましを教えた。きみのノートに書いてあるはずだ。今夜、その課題に取り組み、きみのプランを作るといい。明日の朝、午前8時ちょうどに会おう。フィリップとサラが、次の2つの非常に重要な原則を教えてくれるはずだ。心配することはない。優れた手腕をもっているから」

「ご尽力にどんなに感謝していることか」スージーは言った。

「こちらこそ」ハイグラウンドはにっこりして言った。「今日、いくつかひらめいたことがあったと思う。じゃあ、明朝に」

スージーは歩きかけて、もうひと言告げようと振り向いたが、すでにハイグラウンドは姿を消していた――またしても。彼女は笑みを浮かべ、頭を振った。いったいあの人は何者なんだろう？　なんて日だろう、と彼女は思った。なんて日だろう！

その夜、自宅で、彼女は腰を下ろし、ノートを開いた。「目標」という欄に、宿題があった。ハイグラウンドからの短いメモが書かれていた。

親愛なるスージーへ

これまでに、きみは思っていたよりはるかに多くの人々を知っていることがわかり、原則1の250×250の法則の威力もわかってきただろう。また、リストを作っただけでは充分でないこともわかっただろう。原則2、つまりリストをABCに分類して役立つようにしなければならないことを知っているだろう。いまや、押しつけるより顧客から求められるほうがはるかに素晴らしく、たやすいことを知っているだろう。

先へ進む前に、宿題がある。私は、目標のもつ力を、物事を起こす力があることを確信している。私の好きな言葉に「行き先を知らなければ、どんな道もそこへ連れていってはくれない」というのがある。そして、「成功は、期限のある目標である」というのも。

そこで、いくつか目標を、短期の目標を設けよう。長期の目標は広範な状況を知るのに優れているが、短期の目標は物事を進行させる。

次のページ以降に書いてあるのは、きみが先に進むために作られたものだ。きみの物の見方を変えるには、これらの原則を行動に移したところを想像してみるのがいい。

目標1は、今日から2週間後を期限とする。目標2は、8週間後を期限とする。そして、じっくり考え、そのときにきみ自身と状況がどうなっていればいいかの計画を立てよう。しりごみしてはいけない。きみにはそれだけの力がある。

幸運を祈る！

D・M・ハイグラウンド

ページをめくると、空欄のある書式になっていた。さっそくスージーは書き込みはじめた。以下は、できあがったものである。

《目標1》

目標：250×250のリストを仕上げ、それを系統立ったものにする。私の新しい考え方を行動に移しはじめる。

期限：今日から2週間

日付は7月1日、私が行なったこと：2週間かけて、目標を立て、必要な時間をかけてマーケティング・プランを作った。いまや、短期的な収益よりも人間関係が重要であることを充分理解し、顧客の末永い価値のため、人間関係を築くことに多くの時間を費やすことがよいとわかっている。私のリストの250人を通して数多くの人々と個人的なレベルでつき合うことができるということを、深く心に刻んだ。

私が経験したこと：2週間前あのコーヒーショップにいたときの行き詰まった考え方を、完全に変えること。

私が感じていること：日々何をすればいいかについての確かなプランを持っているので、どんな状況になるか自分の思うままにできる。

私が興奮していること：日々このシステムを充分に働かせ、決まった結果が得られること。

仲間や同僚は：私の新しいやり方に感心している。私の新しいやり方についていろいろと尋ねる。他人のまねをするというより、ありのままの自分でいることからくる私の自信に気づいている。

私が決心していること：じっくり考えて書き出したほかの目標に対しても、日々、達成に向けて前進し、たえず見直すこと。

《目標２》

目標：２５０×２５０のデータベースをＡＢＣに分類し、活用する。

期限：今日から８週間

日付は8月15日、私が行なったこと：250人を超すデータベースを見直した。4つのカテゴリー――A、B、C、D――に分類し、そうすることで、カテゴリーにしたがってきっかけをつくり、接触することができる。すぐにメールすることができる。いまや、経験からの知識によって、これは私に必要な唯一のマーケティング・プランだとわかっている。まずは私にとって彼らが重要であることを述べた手紙によって、すでにリストの人々とのつき合いを始めた。

私が経験したこと：250人のデータベースを作り、つき合うという過程で、15件の確かな紹介を得たこと。紹介された人々に電話をするのが、私は非常に楽しい。お願いされて電話をするのだから。ハイグラウンドが言ったように、私は押しつけるのではなく、求められている。

私が感じていること：いっそう人生を掌握し、いっそう前向きになっている。確かで積極的な日々のビジネスのプランを持ち、結果を得ているからだ。気分がよく、ありのままの自分でいることで業界に自分の居場所を見出したような気がしている。

私が興奮していること‥系統立ったプログラムを学び、実行すること。それによって、私の知るすべての人々に定期的に連絡することができ、それで彼らのことをよく知り、私の生活のよりどころとなるシステムができる。私はもう連絡を取り続けなかったことを謝る必要がない。システムによってそれができるからだ。すべての人が連絡を取り続けることを喜んでくれている。

仲間や同僚は‥私のビジネスに規律正しさがあるとして、有能なビジネスパーソンだと考えている。秘訣を教えてほしいと言った人も何人かいる。

私が決心していること‥最後まで頑張り、このプロセスを非常にうまくやれるようになり、自分のやり方とスキルをさらに伸ばすこと。

成功への正しい組み合わせ——成功への4つの原則

原則2．データベースを作り、ABCにランク分けせよ

・つき合いのある250人をリストアップしたら、ABCDにランク分けをする。ランクごとに連絡の取り方を変える

・顧客データベースを増やすためには、顧客に「魔法の手紙」を出すと有効。押しつけるのではなく、顧客から求められるようになる

・ありのままの自分でいるために、自分のタイプを知ること。「人間関係」「ビジネス関係」、この2つの言葉を組み合わせた4つのタイプで、自分や相手のパーソナリティーを整理することができる

・成功するために、短期の目標を細かく決め、具体的な行動プランを作る

第5章
原則3．強力な支持者を作り出す

気持ちのいい朝

　翌朝、スージーはいつもより早く目が覚めた。太陽はまだランチョ・ベニシアの東の山々に顔を出していない。

　しかし、彼女は再び寝入ることはできなかった。実際、起きるのが待ちきれなかった。気持ちがはやり、ここ何週間かで初めて、しりごみするのではなく前向きになっていた。そして、とても気分がよかった。この2日間に聞いたあらゆる考え方や希望や物語に、意外なほど強い確信が持て、気持ちが高揚していた。自分の状況への見方が変わっただけでなく、昨夜、目標を設定すると、行動プランもできてきた。しかも、これまで学んだほかの人々のものまねではなく、本物の行動プランが。

それまでは、研修会などで好きになれない考え方や方策を聞くと、何とか言い逃《のが》れをしてきた。たとえば、電話での勧誘や、反論にうまく対処することや、取引をまとめるための質問をすることなどだが。今回は、そういうことはなかった。この考え方には、そういうものは1つもなかったからだ（とりわけ、電話での勧誘——彼女はこれがいやでしかたなかった）。

そういうわけで、彼女はシャワーを浴びると、最上の服の1つを身につけた。今朝の気分と同じくらいよく見せたかったからだ。数分もしないうちに、彼女は海を眺《なが》めながら、メイン・ストリートを歩いていた。朝霧はまだ晴れていなかった。1日のこの時間の新鮮さが彼女は好きだった。今朝はいっそう新鮮に、これまでになく新鮮に思えた。理由はわかっていた。彼女はショルダーバッグにノートが入っているのをもう一度確かめた。昨夜書き上げた目標をハイグラウンドに見てもらうのが楽しみだった。

コーヒーショップに着いたときには、ハイグラウンドはもう来ていて、おいしそうなペストリーが並んでいるケースを見つめていた。

「おはよう、スージー！」彼も朗《ほが》らかな声だった。「さっそく始められるかな？」

「こんなにきちんと準備ができたのは初めてです」

「けっこう。どれかペストリーを取り、コーヒーを注文し、テーブルを確保して、きみが昨日から考えたことを見てみよう。それから、今日何をするか教えるよ」

まもなく、２人はペストリーとコーヒーとノートを前に、表に一番近いテーブルに着いた。ハイグラウンドはスージーが書き込んだ目標に目を通していたが、その顔にしだいに笑みが広がった。

「どうでしょうか？」とスージー。

「私はきみのような人が成功するのを見るのが大好きでね」

スージーはカップを取り上げ、自信ありげにイスの背に寄りかかった。

「人間関係の末永い価値を理解したということですか？　その人が長きにわたって紹介してくれる人々の価値だけでなく、その人自身が長きにわたって購入してくれるものの価値を？　系統立ったデータベースを使って、適切なコミュニケーションをはかることの価値を？　8週間の目標の価値を？」

ハイグラウンド氏は頭をのけぞらせ、じつに嬉しそうに大きな笑い声をあげた。「素晴らしいよ、スージー。きみはもうシステムを自分のものにしている。きみの明るい未来が本当に楽しみだよ」

「ありがとうございます、ハイグラウンドさん」スージーは言った。「でも、1つ、認めなければならないことがあります。まだやってもいないのに、こういうやり方をしていると人々に話すのがちょっといやなんです。これは次のステップですよね？　ゼロから始めなければなりませんね？」

ハイグラウンドはうなずいた。「よくわかってるね。私がこのプロセスを通して手助けする人はみな、同様の難題にぶつかる。きみが今朝フィリップから教わるのは、きみとともに働いてくれるスタッフや部下をどう教え育てるかということ、それからきみのデータベース――ABCに分類した250×250のリスト――の顧客をどう教え育てるかということだ。しかし、まず自分自身に教えなければならない。ほかの人たちにも自信を持たせるためには、きみがシステムを実践しなければならない。本物というのはそういうことだ」

「ほっとしました。私がしたくないのは私らしくないことです」彼女は言った。「私、自分らしくないことはしたことはありません。そんなことはうまくいかないわ」

「どんなに多くの人がそれをわかっていないか知っているかね？　きみはもうほとんどわかっている」

ハイグラウンドは席を立った。フィリップがドアから入ってくるのに気づいたのだ。

「いいかい、スージー、フィリップはビジネス－人間関係・タイプだ。だから、彼のやり方はシーラ・マリーやポールのやり方とはまったく違うよ」

フィリップは約束の時間に、いつものように非の打ちどころのない装《よそお》いで歩みよってきた。「おはよう、フィリップ・スタックハウスです」温かく、自信に満ちた笑みを浮かべて言った。

「フィリップ」ハイグラウンドは言った。「こちらがお話ししたスージー・マカンバーだ」

「こんにちは、フィリップ」スージーは応じた。「お目にかかれて嬉しく思います」

ハイグラウンドは手を振って彼にイスを勧めた。「フィリップ、ちょうどいまスージーに、きみがみんなを教育することについて話してくれると言っていたところだ」

「教化と言ったほうがいいかも」フィリップは笑いながら腰を下ろした。

「その前に、スージーにきみの経歴と以前のきみの状況を話したらどうかな。2時間ほどきみたち2人で話すといい。きみのクライアントたちが来る前にね。ここで会う予定なんだろ、フィリップ?」

「そうです」

「それじゃ、11時ごろに戻ってくるよ。いいかな?」

「けっこうです」フィリップは言い、スージーはうなずいて、またしても姿を消そうとするハイグラウンドに手を振った。

フィリップの挫折

「では、スージー」フィリップは身を乗り出して言った。「このところ見たり聞いたりしたことをどう思う?」問いただすように言った。

スージーはちょっとまごつき、また少し不安になった。フィリップが服装やふるまいからして、見るからに非常に成功した人物であることも不安を和らげてはくれなかった。それでも、前日学んだことや、自分のことは何も彼に知らされていないことを考えた。まっすぐフィリップを見て言った。「まだいくつか疑問な点がありますが、もっとも気に入っているのは自分を印象づけようとする必要がないことです。ありのままの自分でいればいいということです。昨日シーラ・マリーとポールに会ってそれがわかりました。

また、このシステムは最初はちょっと単純すぎるように思えるけれど、それは私の第一印象にすぎないと思います。実際、このシステムにしたがえば、私がこれまで試みたどんなプランよりも専門的で首尾一貫したものになるだろうと思えてきましたし、単なる楽観的な考え方ではないと思います」

スージーは不安を忘れ、非常にうまく話すことができ、フィリップもそれに気づいた。彼は感心して笑みを浮かべた。「私が期待している人たちと同様、きみはこのシステムを実施すると思う。本当に成果を得るだろう。きみは人間関係の価値を理解し、知っているし、データベースの作り方と分類の仕方を学んでいるので、次にすることについて話すことになっている」

「で、それは何ですか？」

「実践することだよ」フィリップはちゃかすように言った。「どう思う？」

「理にかなっていると思います。あなたはどのようにしたのですか？」

「一歩ずつ」フィリップは言った。「どうやってこのシステムを実践し、ほかの人々を教え育てるかということは、簡単に理解できることではない。まず、考え方を変えることから始まる——第一にきみ自身に対する見方を、それから他人のきみに対する見方を変えることからね。そして、そうなれば、今後きみが会う人もみな、すぐに新しい見方をするようになるだろう」

彼は手を振ってチャックを呼んだ。

「いつものですか？」チャックは聞いた。

フィリップはトレードマークの親指を上げるしぐさをして見せると、話に戻った。「僕はそれに気づいていなかったんだが、ハイグラウンドがいるのはそのためなんだ。彼は物の見方を変える人だ。まず、私たちの自分に対する見方を変え、それによって周囲の人々の見方を変えさせる」

「確かに、この2日間でそうしてくれました」

「私は必ずしもデータベースと紹介によってビジネスをやってはいなかった」フィリップは打ち明けた。「ハイグラウンドに会う前は、業績の下降の原因を調べるのも社内のフィナンシャルプランナーまかせにしていた。新聞やテレビ、そのほかカネをつぎ込むことができるところにはどこにでも宣伝を打ち、客からの電話を待った。それはかなりうまくいった。成功するにつれ、取引のこつをつかんだ。若い証券マンとして、来る日も来る日も電話にかじりついていた。あまり充実感はなかったが、誰でもそうやってビジネスをしているのだと思っていた」

「電話での勧誘が得意だったんですね？」

「そう」フィリップは認めた。「ただ、好きじゃなかった。それから、自分の事業を始め、新しいセールスピープルにそういう旧来のやり方で販売技術を教えようとしたところ、成績は急落した。

わかったのは、テクニックを身につけて、反論にうまく対応したり、問題を切り離したり、解決策を提示したり、きちんと取引をまとめることなどができるようになる人はほとんどいないということだった。そんなことが得意な人間、続けられる人間はまずいない。私の全般的な取引の成立率が下がると——スタッフも平均に含めたためだが——さらにカネを投じてきっかけをつかもうとした。

ハイグラウンドに会ったところ、私は途方にくれていた。彼は私がマントルピースの前にいるのだと言った。確かに、岐路に立っていて、落胆し挫折感でいっぱいだった。証券マンに戻り、1日10時間電話と取り組むしかないかという気になっていた。そうするのはいやだったが、少なくとも生計は立つとわかっていた」

「その気持ちはわかります」スージーは言った。

「ご一報ください！」

「しかし、いまきみがたどっているのと同じプロセスをへて、ビジネスと人生の方向を変えたんだ。いまや、私は敬《うやま》われている。望む相手とビジネスをし、したいことをする時間も以前より多い。スタッフは全員、このシステムを教えられ、自分自身も会社もいっそう好きになっている。

『ご一報ください』という簡単な文句を使うとき、私たちはそれが二方向道路だということがわかっている。私たちがそれを使うとき自信が持てるのはそのためだし、というのも、それを実践しているからなんだ」

スージーは当惑顔で彼を見た。「ご一報ください？」

「ああ、そうだよ。それが原則3のポイントだ――『ご一報ください』というのが。顧客に、きみがどのように役立つか、つまり彼らにとってどういう価値があるかを教えるということだ。たえず、具体的な行動を確実にとることによって。私たち、ハイグラウンドのシステムを本気で採り入れた者が、顧客全員に言うのがそれだ。

私たちは、彼らにビジネスでもそれ以外のことでも、何かしら手助けできることがないか、知らせてもらいたいと思っている。きみは原則4で、特にどうすればそれがうまくいくかを教わるだろう。だが、いまは、この文句が顧客に正しい印象を与えるのに驚くほど有効だということを知ってほしい。きみは利己的に振るまっていると思いたくないだろう。たえず顧客に呼びかけ、きみがどのように役立つかを教えることが、紹介システムでもっとも重要な原動力なんだ」

スージーはこの新しい考え方に顔を輝かせた。「それはいいですね。本物のように思えます」

「実際そうだからだ」彼は説明した。「それがこのプログラムの魅力でね。本物なんだ。私たちはいつでも人々に手を貸す。通常のビジネス哲学では勘定《かんじょう》に入れられないやり方で、顧客を手助けするのだ。

旧来のやり方をするビジネスマンは認めないだろう——何年か前なら、私もほとんど認めなかっただろう。しかし、いまや、私たちの顧客に対する仕事のあらゆる部分がそれになっている。私たちがそれをやりとげれば、その文句の2番目の部分が第二の天性になる」

「2番目の部分？　紹介ということですか？」

「そのとおり。私たちは実際にこれらの原則を実現しているので、いまや知っているすべての人に紹介を求める『許可証』を得ている。まさにすべての人にね」

フィリップはだしぬけに温かくもビジネスライクなまなざしを向け、まっすぐ座り直し、彼女の目をのぞき込んで言った。

「そこで、ビジネスでもそれ以外のことでも、何か私どもがお手伝いできることがあれば、ご一報ください。そして、私どものサービスを利用できるご友人やお仲間がいたら、その方々のお名前を教えてくださいい。あなた様と同じように応対させていただきます。ご一報くださるだけでいいのです」

スージーはにっこりした。「ええ、わかりました」彼は深々と座り、微笑んだ。「わかったかな？」

スージーはにっこりした。「ええ、わかりました。２番目の部分はとても重要な部分です」

紹介へのお礼

フィリップはうなずいた。「だが、それはギブ・アンド・テイクであり、人々はそうした働きかけに応えてくれる。本当に応えてくれるんだ。あなただってそうするだろう」

スージーはふいに気になることが浮かんだ。「お客を紹介してもらった場合、謝礼を払っているのですか?」

フィリップは笑みを浮かべた。「いい質問だ。これもハイグラウンドから教わったことだが、そうする慣習になっているのなら手数料を払えばいいが、経験則として、謝礼など払わないのが普通だ。きみだって、友だちにいいレストランを教えたり、映画を勧めたりしてもお金がもらえるとは思わないだろう。優れたサービスを受けたり、その映画が楽しかったから教えたのであって、友だちがそれで得をするとは考えないだろう。そのレストランへ行き、オーナーがあなたに気づけば、感謝されるだろうし、迅速なサービスを受けるだろうがね」近づいてくるチャックに聞こえるように、声をあげてつけ加えた。「この店のチャックのようにね!」

「どうも。私のことが話題になってるようですが?」チャックはおもしろがるように言うと、湯気の立つコーヒーカップをフィリップの前に置いた。

「やあ、時間のことを言ってたんだ」フィリップはきつい口調でやり返した。「さあ、代金をとったら、もうじゃましないでくれ!」

チャックは笑ってカネをつかむと、親指を上げてみせたので、フィリップもふき出してしまった。

「いいやつだ。彼のおかげでハイグラウンドに会うことができたんだ。それに、彼はハイグラウンドのシステムが成功した生き証人だしね？」

「チャックもこのシステムと関係があるということ？」スージーは驚いて目を丸くした。

「そうとも」フィリップはコーヒーをまぜ、一口すすった。「周りをよく見回してみるといい。彼が作り出した、強力な、生きてしゃべる支持者たちの一団を」

「彼はたくさんの友人を持ち、くり返し取引をしています。おっしゃるとおりですね」

「それに、メールで届くこのカフェの『お得なサービス』を考えてみるといい――クーポン券、割引などなど」

スージーはこれまで気づかなかったことが信じられなかった。「ほんとにおっしゃるとおりですね、フィリップ。それでみんなわかりました――彼の言うこととあなたの言うことはそっくりです。彼はいつも私に何か手助けできることはないかと言ってくれます。いいコーヒーショップを探している友だちや家族がいたら、ここを紹介してほしいとも。そして、私にハイグラウンドさんを紹介してくれた！

私は思いました……ええっと、何を思ったんだったかしら。とてもさりげなく、とても心強かった。彼は気づかってくれたんです。そして、このカフェは素晴らしくうまくいっているし、雰囲気もとてもよくて、友だちに紹介しないわけがないわ」

「そういうことだよ、スージー。私たちはその『よいこと』を、好意をもちビジネスをともにしたいと思う人たちに知らせる。私たち――チャック、ポール、シーラ・マリー、そのほか多くの人たち――は、ビジネスのネットワークをつくっている。喜んで顧客や友人に紹介するネットワークをね。彼らがきちんと面倒を見てくれるとわかっているからだ。わかったかい？」

「全体像がわかりかけてきました」

ハイグラウンドのビジネス原則

「それで、今日きみに話すことになっていることに戻る――教育に。きみは物の見方が変わったのだから、次の段階に進み、『ご一報ください』のように考え方を実行に移す必要

がある。きみの新しい考え方を示す多くのほかのものもね——礼状、レターヘッド、感謝の意を表すために与える価値ある品物など。

このシステムはきみが人々に話すことの中心でなければならないし、日々ビジネスでそれを示さなければならない」

スージーはフィリップの上着を見つめた。彼が腰を下ろしたときからそれに気づいていた。「エリの『ハイグラウンド』というバッジは、いったい何ですか？」彼女は尋ねた。「お会いしたときから聞きたかったんです。大事なことに思えるんですが」

「スージー、どんどんわかってきてるね！」フィリップは笑みを浮かべ、カラフルなバッジをたたいてみせた。「いいと思うかい？　数年前、デビッド・マイケル・ハイグラウンドのお世話になった何人かが集まり、彼の素晴らしいシステムに名前をつけたんだ。『**ハイグラウンドのビジネス原則**』とね。彼はそんな必要はないと言ったが、私たちは何か彼を称《たた》えることをしたかった。彼は大変に寛大だ。彼は何も求めない、きみも気づくかもしれないが。何も要求しなかっただろ？」

「はい、何も」スージーは納得した。

「私は何かお返しをしなければならなかった。だが、私も、この素晴らしいシステムにもとづいてビジネスをし、生活を送っている私たちみんなも、ハイグラウンドのおかげをこうむっている。そこで、私はこの名前をもとにロゴをつくり、パンフレットなどの片隅に入れ、末永く続く人間関係の価値を知らせようとしている。人はそれぞれだし、きみはきみなりの方法で示せばいい。じゃあ、そのノートを開いて。原則3についてすごいことを教えてあげるから」

彼女はノートとエンピツにさっと手を伸ばし、急いでページを開いて待った。「準備ができました」

「けっこう。原則3は——」

スージーはさえぎった。「『ご一報ください』。顧客に、あなたの仕事と、あなたが有用であることを、どんなときでも具体的な行動を確実に行なうことによって教えよ」

「そのとおり」フィリップは言うと、まじめな口調でビジネスにとりかかった。

「ひと言で言えば、きみのビジネスがどう役立ち、彼らのために何ができ、彼らに期待することがわかっているすべての人と、コミュニケーションをはかることができるということだ。データベースをＡＢＣにきちんと分類し、態勢を整え、待ち受けている状態なら、すでにことは半ば成就したようなものだ。

次のステップは、きみ自身を教育することだ。きみが自分に対する見方を変え、ハイグラウンドに教わった言葉を日々の生活に採り入れるようになれば、前進することができる」彼はちょっと口をつぐんだ。「以前、『許可証』ということを言った。学校で、授業中、席を立ってもいいという許可が必要だったことはないかい？」

スージーはうなずき、微笑んだ。

告白の手紙

「同様に、誰かに電話をし、取引を求める権利が自分にあると感じる必要がある。私たちの大半は、誰であれ人とたえずコミュニケーションをはかることはできない。具体的な行動で人間関係が最優先であることを示すこともできない。

私も、セールスピープルに現在の顧客にも過去の顧客にも電話させることがなかなかできない。まして、単なる知り合いにはもちろん。なぜそうしようとしないのか？　本音——彼らはまず認めないだろうが——は、連絡を取り続けなかったことが決まり悪く、いまさら電話するよう言われても、不安だし、困惑しているのだ。つまり、『許可証』をなくしたのだ。しかし、良好な連絡が保たれていたら、どうだろう？　きみの電話は歓迎されるだろう。人々はきみのプロとしての個人的な接触に感謝しているからだ。人々に電話をし、ビジネスの話をする許可証を持っているということだ——そして、気分よくそうすることができる」

スージーは眉をひそめ、一心に、猛烈な勢いでメモをとった。フィリップが新しい要点を指摘したのだ。「次に、もしスタッフを持つつもりなら、チームの一員にしなければならない。彼らはたえず訓練され、システムを充分に実践しなければならない。

きみとともに働く人々がチームの一員になり、それを実践するようになれば、きみのデータベース・リストに載っている人々を教え育てる準備ができたことになる」

スージーは顔を上げた。「私の250×250リストのことですか？　ABCに分類した？」

「そうだ。それがきみのデータベース・リストだ。そして、スタートするのに、すべてが整うまで待つ必要はない。一度に一歩ずつ進めなければならないだけだ。

きみのデータベースの人々に一番最初に送るのは、きみの新たな考え方を告げる手紙だ。これを**告白の手紙**だと言う人もいる。彼らを重視していることと、いま改めて注目しているいることを述べるものだ。ここに見本がある」

親愛なるボブとキャロル

先ごろ、スタッフとともに弊社のビジネスをじっくり見直しましたところ、全員一致で得た結論は、弊社のもっとも重要な財産はこれまで築いてきた人間関係——あなた様との間に築いてきた関係のような——であるということでした。

また、じつを申しますと、望んでいたほど積極的にコミュニケーションをはかってきませんでした。そこで、いっそう密なコミュニケーションをはかるために適切な方策を講じたいと存じます。ニュースレターや個人当てのカード、弊社からの補足の電話などは、どうか私どものビジネスにおいてあなた様との関係を第一にしておりますことを明確に示すものとお考えくださいますよう。
近々、個人的にご連絡を差しあげます。何か疑問がおありだったり、お手伝いできることがありましたら、どうぞご遠慮なくお申しつけくださいますよう!
敬具
フィリップ・スタックハウス

スージーはその手紙を金塊の一片ででもあるかのように手に取った。「シーラ・マリーも、このことをおっしゃってました」彼女は言った。

「素晴らしいわ」しばらくの間、熱心に目を通していた。いろいろな可能性が頭をめぐり、やがて新しい考えが浮かんだ――むしろ重要な考えが。「顧客の方から紹介してもらって新たに出会う人々についてはどうでしょう？」

「その考えが大事だという理由を話そう」彼は言った。

「ごく自然にきみのビジネスの仕方や、人間関係のシステム、人々にとってのその価値などを伝えれば、紹介してもらった人々との出会いは喜ばしい結果になるだろう。そして、出会った人々と連絡を取り続ければ――最初はむろん会った後すぐに個人当ての短信で、その後はコミュニケーション・プログラムにしたがって――出会った人々も自分たちがただの買い口のようには感じないはずだ。そしてきみも、気まずく感じることはないだろう」

スージーは笑った。「まあ、それは嬉しいわ」

「一貫性がきわめて重要で、きみのデータベース・リストの人々は――きみの家族と同様に――きみが本物かどうかを知るだろう。きみの言動に一貫性があることがわかれば、信奉者になるだろう。スージー、顧客の紹介者からの電話がひっきりなしにかかりだすよ。

そうするように教え導く、焦点をしぼったマーケティング・プランを、きみは作ったからだ」

ノーと言う人々には、どう答える？

まだ1つ、わからない点があった。スージーは率直に言った。「ノーと言う人々にどう対応しているのですか、フィリップ？　言いにくいのですが、まだ反論が気がかりなんです」

フィリップは微笑んだ。「対応の仕方を教えよう。この積極的な『外へ向かう』考え方とシステムを備えれば、たちまちそういう反論の不安にうまく対処することができるようになるよ。ノーを落ち着いて受けとめ、その気になれば、卑屈になることなくイエスに変えることすらできるだろう。どういうことか教えよう――ロールプレイをやってみよう」

フィリップは提案した。「たとえば、きみは私が接触している相手だとしよう。きみから連絡してもいいという許可をもらい、定期的にそうしてきたとすると、私は気分よくきみに電話して、次のようなことを言うことができる」彼は電話を取るしぐさをした。

スージーはメモしたほうがいいかしらと考えた。エンピツをつかんだ。

フィリップは架空の受話器に向かって話しはじめた。

「こんにちは、スージー。フィリップ・スタックハウスです。おじゃまではなかったでしょうか？」フィリップは受話器を手でおおうしぐさをして、スージーに言った。「本当に忙しくなければ、普通はじゃまだとは答えないはずだ」

スージーも調子を合わせ、エンピツを受話器のように耳に当てて言った。「いえ、いえ、かまいませんよ」

「よかった。スージー、よろしかったら、あなた様のために2、3お話ししたいことがあるのですが。先ごろの税法改定にもかかわらず、私がほかのお客様のために利益を上げたことについてです。もしお気に入れば、もう少しご説明し、あなた様にもこの手法を採り入れます。おいやなら、そのままにしておきます。よろしいでしょうか？」

フィリップは架空の受話器を下ろした。「通常、きみに定期的に連絡をとり、私自身よりもきみのニーズを重視していれば、きみがイエスと言う可能性はかなり高いと思わないかい？」

　スージーはうなずいた。「そう思います」

「そして、そのとおりになるだろう。では、万一、何らかの理由できみがノーと言ったとしよう。それでどうなるか？」彼はちょっと口をつぐんだ。「大きな違いは、大半の人が持っていないシステムを私は持っていることだ。そして、きみを大切にし、連絡を取り続けて関係を維持してきたので、たとえきみがノーと言っても、適切に対応することができる。私は、きみをやっつけたり、私たちが築いてきた関係を壊す必要はない。

　そこで、もしきみがノーと言ったら、次のように答える」

　フィリップは再び受話器を取り上げるしぐさをして言った。

「だめですって、スージー？　これは申し分のないものなんです。私にはわかっています。私にとって人間関係は、商品を売るより大事です。私がなしとげた成果に私は本当に興奮していますが、確かにあなたはそれを利用すべきときかどうか判断する必要があります。おそらく、もっとうまくいくときがあるかもしれません。

　もしかまわなければ、連絡を取り続けましょう。半年のうちにまたご連絡するつもりで

す。よろしいでしょうか？」

　スージーはうなずき、電話に見立てたエンピツに向かって言った。「ええ、それでけっこうです、フィリップ。とにかく、ありがとう。ではまた」

「わかったかな？」フィリップは言った。「私はシステムを整えており、これは本質的に人間関係を重視した――職業上のものではあるが、なおかつ人間関係を重視した――コミュニケーションを保つシステムなので、簡単に手を引き、卑屈《ひくつ》になることなく、つながりを維持することができる。いつか成果が得られる」

「すごい！」スージーは叫んだ。「私もスラスラとそう言うことができれば、ビジネスは急成長するでしょうね！」

「できるとも。きみもシステムを備えるわけだから。そして、きみはこのシステムの原則を実践し、黄金律を実行するだろう。つまり、自分がしてもらいたいと同じように他人に接するだろう」

　フィリップは強調するために、ちょっと間をおいた。

「これを覚えておくことだ。このプログラムをきちんとやれば、これが有効だという確信が持てるに違いない——きみがそれを働かせるかぎり」

　スージーは眉をひそめた。「どういうことでしょうか？」

「大事なのは、きみが新たに見つけた『許可証』を利用して、人々に電話をしなければならないということだ。きみは積極的にならなければならないし、取引を求めなければならない。きみは人間関係を第一に考えているので——間違いなく、定期的に連絡を取り続けるので——新たな自信をもって取引と推薦を求めることができるはずだ。顧客もそれを期待するだろう」

　フィリップは話し終えると、ゆったりとイスに背をあずけた。だが、スージーは熱に浮かされたようにメモをとっていた。

「残りをどのようにやるかについての詳細は、原則4にあたるが、きっと今日の午後、学ぶことになると思うよ」

「はい、サラ・シンプソンという方からね」

「サラはエネルギッシュな人だ。仰天させられるのを覚悟しといたほうがいい。彼女はすぐさまきみに『接触の維持』プログラムを習得させるよ」

「『接触の維持』？」

「そのとおり」フィリップは言った。「だが、彼女から話してもらうよ。きみはきっと気に入るはずだ」

スージーはようやくエンピツを置いた。

それからまもなくハイグラウンドが戻ってきた。2人は顔を上げたが、もう2時間たったことが意外だった。

「私のスター学生はどうかな？」彼は聞いた。

「並外れた人になりそうですよ」フィリップは言うと、立ち上がった。

「どこかへ行くんですか？」スージーはフィリップに聞いた。

「遠くじゃない」彼は隣のテーブルを指さした。

わけがわからず、スージーはハイグラウンドのほうを見た。

彼は説明した。「スージー、私はもう一度この席に着く。フィリップのほうはまもなくやって来るカップルと会うことになっている。そして、すぐ隣のテーブルに着く。それで、彼が新しい顧客を教育するのを聞くことができる。カップルに不快な思いをさせないで」

「素晴らしい考えだわ。達人の技を見たいです」

その言葉に、フィリップはにやりとした。「2人とはつき合いはじめたばかりでね、コーヒーをごいっしょし、お2人のために2、3お話ししたいことがあると誘ったんだ。きっときみのためになると思うよ」ちょうどそのカップルが入ってきたところで、彼はそちらへ向かった。

フィリップとカップルの顧客

その後の2時間、スージーは耳をすませて聞いた。フィリップは、まさしくその朝話してくれたとおりのことを行なっていたので、彼女はテープレコーダーを持ってくればよかったと思った。

まず、フィリップとカップルはコーヒーを注文し、待っている間、フィリップが作った財務計画について話し合った。それから、スージーが驚き喜んだことに、カップルがフィリップのつけているハイグラウンド・バッジのことを尋ねた。フィリップは絶好のきっかけを得たのだ。

彼は末永い人間関係を重視しているという考え方を説いた。それから、「つき合いのある友人や仲間」と題した名簿を見せた。表紙には彼の会社のロゴが入っている。スージーは思わずぐっと身を乗りだして、名簿を見ようとしたため、カップルの注意を引いてしまった。あわてて彼女はせきばらいをし、音をたててイスを回して、懸命に素知らぬふりを装い、ハイグラウンドは必死で笑いをこらえた。それでも、彼女の熱中ぶりに、喜びを隠しきれなかった。

「あの名簿というのは？」彼女はハイグラウンドにささやいた。「素晴らしいアイデアだわ！」

「きみもマネするといい。実際、そうすべきだ。きみのお気に入りのものを載せればいい。信頼できる企業、クリーニング店、コンビニ、レストラン……よく人に話す、定評あるものを。フィリップは頭を働かせて、印刷物にして渡している。初めはレターヘッドに簡単な名前のリストを入れただけだったが、いまやちょっとした小冊子になってる。彼がどう説明するか聞くといい」

「これは私が個人的にお勧めできる企業や店の詳しいリストです」フィリップは言っていた。

スージーは、チャックのこの店やシーラ・マリー不動産会社、ポールの自動車販売店は入っているだろうかと思った。もちろん入っているはずだ、と確信した。

そして、これをきっかけにフィリップは自分の考え方を説明しはじめた。**人間関係を第一にしていること、黄金律にしたがって生き、働いていること**をである。彼が**一般大衆へのマーケティングに時間や費用を費やしたりせず、彼ら特定の人たちにたえず価値あるものを提供しようと努めている、**と述べると、彼女は急いでメモをとりはじめた。

彼女は彼の言葉をそのまま書きとろうと、必死でエンピツを走らせた。とりわけ、彼のスタッフができることが何かあれば、**「ご一報ください」**と言ったときには。

「おわかりでしょうが、私が申しあげたいのは」フィリップがこう言うのは、すでに仕事の上で優秀さを示していたからこそ言えることだ。「お願いしたいのは、１つだけだということでして。**もしもご友人やお仲間で、私どものサービスを利用できる方がいらしたら、私のことを思い出していただきたいのです。あなた様と同じように対応させていただきます。**これが私のビジネスのやり方なのです」

スージーはお手上げだった。とてもそんなに速く書き取れなかった。だが、そんなことを気にして聞きのがすわけにはいかない。ともかく耳を傾けた。

そして、彼は自信を持ってカップルを見て言った。「あなた方が最初に私のところにいらしたのは、共通の友だちが私どものことを紹介してくれたからでしたね?」

カップルはうなずいた。

「それで、ご存じのように、私は信頼に応えようと努力しています。ついでですが、どなたか私のサービスを必要としておられる方はいらっしゃらないでしょうか?」

「いますとも。実際、友人のジョンソン夫妻があなたの手助けを必要としています。ちょうどこの間、夕食をともにした際、あなたのことをお話ししたところですよ。今夜、電話してみましょう。彼らの電話番号をメモしておきますよ」

スージーは信じがたい思いだった。フィリップの言ったとおりにお客を紹介してもらえたとは！　このシステムを実践し使うことで、彼は2人の強力な支持者を作り出したのだ――歩き、しゃべる広告塔を。

そのとき、ハイグラウンドがスージーにそろそろ席を立ったほうがいいという合図をした。コーヒーショップを出た2人は、波止場のほうに歩きだした。前日、昼食をとったレストランの近くだ。

《目標3》の行動プラン

ハイグラウンドは、スージーが250×250のリスト作りを始めたあのベンチのところで立ち止まった。あれからずいぶん多くのことがあったので、はるか前のことのようだわ、とスージーは思った。

「この場所は昨日、役に立ったことと思う、スージー」ハイグラウンドは言っていた。

「きみにしてもらいたいのは、20分ほどかけて、昨日始めたきみの目標をもう一歩進めることだ――つまり、目標3だ。どのようにやるか、覚えているかな？　きみに聞いてもらう新しいテープがある。８週間後を想像するんだ。きみにサラダを持ってきてあげるから、しばらく静かにすごすといい」

朝霧が晴れて、真昼の素晴らしい太陽が顔を出し、海は青く輝きだしていたが、その光景はいつも初めてここに来たときのことを思い出させるものだった。彼女は腰を下ろし、ノートを取り出して第３の目標のページを開き、書き込みはじめた。

《目標3》

目標：このシステムを自分のやり方であると印象づけ、私の知っている人々すべてに対する言動のすべてに用いるため積極的なプログラムを始める。

期限：今日から8週間

日付は8月15日、私が行なったこと：このシステムに利用できることすべてを整える。

名刺や便せん、ファクス送信用紙から、私と私の新たな考え方に合ったビラや冊子まで。このシステムと私のやり方を一体化しようと努めてきたので、いまや主に紹介によって仕事をするようになった人々に気持ちよく話ができる。私の周りじゅうに実際の具体的な証拠がある。私は日々、すべての人に対し、私がどう役立ち、彼らがどう私を手助けできるかを教育している。これは本当に双方とも満足のいくやり方である。

私が経験したこと：私の顧客および私が接触をとるようになった全員からの、変わらぬ好意的な応答。驚くのは、かつてビジネスを思いのままにしていると思っていた人々の多くが、私がどうやってこうしたことすべてをやりとげたのか知りたがっていることである。

私が感じていること：ありのままの自分でいられること。私は人生で初めて、真にありのままの自分でいると感じているが、それはいまやそうした自分でいられる自由、あるいは許可を得ているからである。私は私の製品とそれらが他人に役立つことに満足しており、他人の役に立つようなやり方で確信をもってそれを人々に教えることができると思っている。

私が興奮していること‥人々が私の製品による恩恵を利用できるようにし、新しい人間関係を築き、享受すること。私はハイグラウンドが示してくれた新しい自由を彼らに与えることに、心底から興奮している。

仲間や同僚は‥私の新しいシステムのブランド化に感心している。多くの人から、彼らがともに働いている人々に、私の経験と私がどうやってそれを達成したかを話してほしいと頼まれた。

私が決心していること‥私は自分が説くことを実践している、ということを目に見える形で証明するものに取り囲まれ、このシステムを真に自分のものにすること。

時間は流れた。彼女がそれに気づく前に、ハイグラウンドが肩をたたき、それからそばに座って彼女の新たな目標に目をやった。目を通した彼は、何も言わず、誇らしげな笑みを投げかけると、立ち上がって彼女についてくるようにというしぐさをした。

急いでノートをショルダーバッグに押し込むと、彼女は立ち上がって彼についていった。

「原則４に取り組む準備はできてるかな？」ハイグラウンドは聞いたが、スージーの答えはわかっていた。

成功への正しい組み合わせ――成功への4つの原則

原則3．「ご一報ください」。顧客に、あなたの仕事と、あなたが有用であることを、どんなときでも具体的な行動を確実に行なうことによって教えよ

・顧客に、自分がどのように役立つかを教え、顧客の知り合いにも同じサービスを提供できることを伝える。そして知り合いを紹介してもらう。「何かお手伝いできることがあれば、ご一報ください」

・顧客と連絡を取り続けていなかったことが決まり悪い場合は、新たな考えを告げる「告白の手紙」を送る

・スタッフを持つつもりなら、チームの一員にしなければならない

第6章
原則4．あなたにとってうまくいくシステム

不安のタネ

ハイグラウンドとスージーは、海岸をあとにして、波止場から数ブロックほど歩いて、ランチョ・ベニシアの繁華街へ向かった。

歩く道すがら、ハイグラウンドは言った。「さて、スージー、いよいよ最終段階に入った。きみが書いた内面観察と目標を見ると、素晴らしくのみ込みが早いのがよくわかる。最後の原則を学ぶための次の一歩を踏み出す前に聞いておきたいんだが、自分の内面を観察して特にわかったことは？　何か話したいことはないかな？」

スージーは心の奥底の不安を打ち明けたいのかどうか自分でもわからず、ためらっていた。彼は、いまやよき師のような存在で、失望させたくなかった。しかし、尋《たず》ねられたので、彼女は言った。

「ハイグラウンドさん、あなたがこのプロセスを通して多くの人たちを助けたのは明らかです。それに、あなたのおっしゃることはすべて筋が通っています。でも、私の一番の不安のタネは、いつごろ成果が現われるか、なのです。また失敗するのではと考えると、ちょっと怖い気がします。もちろん、このプロセスが効果的なのはわかっていますけど、本当にうまくいくのでしょうか？」

「率直に話してくれてありがとう、スージー。きみは、私にも、きみ自身にも正直でなければならない。しかしだいじょうぶだ、うまくいく。このプロセスを信頼しているかぎりはね。だからこそ、初めてあったとき、きみに尋ねた3つの質問は、すごく重要だったんだ。覚えているかな？」

スージーはうなずいた。「私は自分が好きか、自分の扱う製品がよいものだと思っているか、最後まで頑張《がんば》るか、でしたね？」

「そのとおり。きみは自分に満足しているし、きみの会社の製品のよさをはっきり認識している。今度の面会が終わったら、何もかもよい方向に行くと思う……『いかに最後まで頑張るか』や『いかにシステムを信頼するか』などについてもね。さて」ハイグラウンド氏は、ちょっと足を止めて言った。

「シンプソン・システムズの社長、エネルギッシュなサラ・シンプソンに会う心の準備はできているかな？」

スージーが振り返ると、改築された大きな卸《おろし》問屋が見えた。芸術的な趣きのある大きな金属製ドアには、「シンプソン・システムズ」と書かれた巨大な看板がかかっている。すべてに贅《ぜい》を尽くした外観に、彼女は目を丸くし、うなずいた。

「接触の維持」プログラムとは

ハイグラウンドが先に立ってドアを開けた。

「いいかい、サラはビジネス－ビジネス・タイプなんだ。とても志《こころざし》の高い女性だよ。

そうでなければ、あれほど見事に私たちのシステムを実践できなかったはずだ。彼女はこの土地でも指折りの大企業主の娘だが、そのことも含めて、いろいろなことで名を馳《は》せたいと思っている。そして、このシステムが、いったん自分がどのタイプの人間かに気づき、喜んでそれを受け入れさえすれば、どんな人にもうまく作用することを、身をもって証明しているんだ。さあ、行こうか」

2人は洗練されたロビーに入っていった。待合い用のイスが据《す》えられ、高い天井から下がっているシンプソン・システムズのロゴには、丸い地球が組み合わされていた。だが、ハイグラウンドは歩調をゆるめなかった。まっすぐエレベーターに向かい、スージーを促《うなが》していっしょに乗り込み、最上階のボタンを押した。

またたくまに重役専用の階に着き、扉がスーッと開いた。2人の秘書に歩み寄ると、ハイグラウンドを見知っているらしく、何も言わないうちに役員専用会議室に通された。部屋からは、バハミア・クリフスの断崖を見下ろす、ランチョ・ベニシアの港の素晴らしい景色が見晴らせた。

そこはサラ・シンプソンの戦略会議室だった。ハイグラウンドとスージーが待つ間もなく、ハイヒールの音をコツコツと響かせ、高価な仕立てのスーツを動くたびに絹のように揺らめかせながら、サラが颯爽《さっそう》と入ってきた。フォーチュン五〇〇に名を連《つら》ねる経営者の自信に満ちあふれ、ハイグラウンドに目をとめると、満面に笑みをたたえた。

「デビッド・マイケル・ハイグラウンド、いったいどこに行ってらしたの？　突然、姿を消したかと思うと、まったく思いがけないときに現われて。ちょうど、チャックにあなたのことを聞いていたところでした。こちらが、盛んにほめていらしたスーザン・マカンバーね？　初めまして、スーザン」サラが手を差し出した。

一瞬、スージーは、自分と同年配の、素晴らしい成功者であるこの女性に対して、少し改まって気取った感じがする「スーザン」を使ってもいいかな、と思った。しかし、すぐに、ありのままの自分がとても気に入っているのを思い出した。彼女はサラの手を堅く握った。「お目にかかれて嬉しいです。それから、どうぞスージーと呼んでください」

仕事一筋で、それを誇《ほこ》りにしているサラは、さっそく用件にとりかかった。2人をぴかぴかの楕円形のテーブルの片隅へ案内し、座るように手で合図すると、もっぱらスージーに向かって話しはじめた。

「スージー、あなたのこれまでの事情については、デビッドからたっぷり聞かせてもらいました。これからの2時間半で、あなたにしてあげようと思うのは、わが社の『**接触の維持』プログラムを詳しく説明する**こと。たとえば、それがわが社にとって、どんな働きをしているか、プログラムの成果、あなたにどう役立つか、などです。でも、その前に、私がどんな状況にあったかをわかっていただきたいの」

話し合いの事項がきちんと設定されているのを知って、スージーはビジネス－ビジネス・タイプとはどんな人なのか、はっきりわかった。

「素晴らしいプランみたいですね、サラ」スージーは、仕事への情熱がわくのを感じながら言った。そして、これほど仕事一筋の人が、実際どのように人間関係を築くのか、急に強い興味を覚えた。その答えも見つかりそうだ。

5年前の大きな岐路

「私は、23歳でこの仕事を引き継いだの」サラは黒い革張りのイスの背にもたれながら、てきぱきと話した。「父が亡くなったものでね。喪失感や成功願望、それに母を助けなければならないという気持ちなど、私を仕事に駆《か》り立てた動機はいろいろあるけど、じつは、サム・シンプソンの娘が自力でちゃんとやっていけることを世間に証明したかったのが主な理由ね。

人の何倍もがむしゃらに働いたし、この事業が生《い》き甲斐《がい》だった。でも、仕事に取り憑《つ》かれたようになり、そのために社員を追いつめてしまった。顧客に対しても、儲《もう》かる取引かどうかを決める道具のように見ていたし。一定の数値に達しなければ、こちらからは連絡しなかった。

うちのセールスピープルは、業界でも最高の給料を得ていたけれど、彼らを力尽きて倒れるまで駆り立てた。当然、取引高はぐんぐん伸び、業界の賞賛を独り占めし、私はますます張り切った。ところが、取引高が増えた割には、利ざやは少なかった。

結局、それは顧客として残った人たち、つまり購買者のタイプのせいだった。固定客がつかめなかったのよ」

サラは、ハイグラウンドをちらっと見た。「5年前、大きな岐路に立たされたの。デビッド・ハイグラウンドに会ったのは、そんなときよ。父の親友だったポール・フューザックの紹介だった。ポール・フューザックは、私の家族と私を訪ねて、はるばるニューヨークからやって来てくれたの。彼は父を子供のころから知っていて、兄弟のような愛情を抱いていた。そんな彼がじつは私を観察していたの、私を見ていると父を思い出すらしくて。彼のおかげで、父の本当の姿を知ることができたわ……ビジネスの上でも、個人としても」

サラは言葉を切ると、脚を組んでスカートをなで下ろした。「それで、私が事業を引き継いだとき、なぜあれほど多くの人たちが助けてくれたのかわかった。父の評判のおかげだったの。

父は、成功した実業家の例にもれず厳しい人だったけど、他人を窮状から救うということになると、特にそれが事業の一大事だったりすると、やりかけていることをすべて放り出してでも駆けつけた。ハイグラウンドは、ずっと昔、私がまだ幼かったころ、父の力になってくれたので、ポール・フューザックは、私もハイグラウンドに会うべきだと考えたのね。その結果、私の人生は一変した。事業も大きく変わったわ。事業は、当然、私の人生そのものでもあるわけだから。

それで、今回、ハイグラウンドから電話があり、2、3時間ほどあなたに会ってもらえないかと言われたときは、その機会……つまり、このことを他の人にも伝える機会が待ちきれないほどだったわ」

「内情を含めたこれまでの詳しい経緯、本当に興味深くうかがいました」スージーは、心から言った。「話してくださって、ありがとうございます」

「たえず、個人的に、計画的に、連絡を取り続ける」

サラは上体を起こし、テーブル越しに身を乗り出した。「じゃあ、スージー、本題に入りましょう。あなたはもう、顧客というものの生涯にわたる価値を理解しているでしょう。彼らとのつながりを第一にすること、250×250の威力、どのようにしてあなたのデータベースを作り、分類するか、スタッフやあなたの勢力範囲内の人々、顧客、友人たちをどのように教え育てるか。ここからは、あなたが送る通信にどのように名前を入れるか、といったことが問題になるわ。つまり、黄金律（何ごとも人にせられんと思うことは、人にもそのごとくせよ／新約聖書マタイ伝）をどう実践するかということね。

それじゃ、このシステムによって可能になることのひとつをお話ししましょう。あなたは、会うすべての人に電話ができる『パスポート』が与えられ、新旧さまざまなビジネスチャンスについて討議しながら、彼らの力になると、ためらいなく言える許可証を手に入れることができる。原則4がそれにあたるわ」サラは続けた。「それは、**『たえず、個人的に、計画的に、連絡を取り続ける』**というものよ」

スージーは、あわててノートを開いた。

「いいことだわ」サラは、ノートを見て微笑みながら言った。「そのノートのことは覚えてるわ。それはあなたの行動プランであり、次のステップであり、まずは頼みの綱《つな》ね。それをいっときも忘れてはいけないわ。**つき合いを継続するとは、あなたの顧客と関係者たちに、一貫して毎月、継続的に通信することで、あなたの個人的なブランドを目につくようにさせるのよ。**

ＡＢＣに分類したリストについて言えば、**リスト上のすべての人が、毎月、何らかの連**

絡を受けることになる。Aグループは、毎月、あなたからじきじきに便りをもらう。その人との関係を第一に考えているという具体的な証拠を受け取るわけね」ここで、サラは笑った。「あなたは関わりを持ったせいで、裁判所で有罪宣告を受けるかもしれないわよ。だって、具体的な証拠品が実際にあるわけだもの。それが私たちの最高の善意の証《あか》しであるのはもちろんだけど」

　サラはふと考え込むように、言葉を切った。「それから、**このプログラムは、現在広く知られている、対象をしぼったマーケティング・キャンペーンのいずれにも劣らず効果的**よ。末永く続くものだし、顧客や知人用の銀行口座を開設することになり、彼らとしばらく話さなくてもすむ。もちろん、Bグループ、Cグループも、きわめてよい印象を持ってくれる。あなたから電話を受けると、1週間おきくらいに話しているような気になるのね。あなたがたえず、個人的に、通信しているからよ。すごいことだわ」

「今朝、私は『ご一報ください』というプログラムについて聞きました」スージーが、口をはさんだ。

「それはよかったわ。これも言葉どおり、誠実なものよ。あなたが実際に行動で示せば、ばつの悪い思いをしないで、そう言うことができるわ。たとえば、『何か、お力になれることがあれば、ご一報ください。あなたのお友だちやお知り合いに、私でお役に立てることがあれば、その方々のお名前を教えてください。あなたと同様、その方々に対しても一生懸命やらせていただくとお約束します』などと言える」

そして、サラはつけ加えた。「もちろん、あなたからの連絡がとだえ、取引もなければ、これも虫のいい言葉に聞こえるかもしれない。成果が得られるかどうかは、接し方次第よ。**毎月、ニュースレターなり何なり、何かしらアイテムを送り、手間をいとわず手助けをし、しかも私利的な印象を与えなければ、きっと成果は見えてくる。**あなたの電話は、必ず受けてもらえるわ。何よりも、彼らが友人を紹介してくれるのよ。なぜだかわかる？**あなたを信頼するからよ。**

このプログラムは、私のような手厳しいビジネスウーマンの印象を和《やわ》らげてもくれるし、また、プログラムのプロ的な面によって、私が気にかけていることを示せる。私はそれを示してるわ、私なりにね」

「本当に貴重なお話ですね」スージーは言った。

「でも、いいことを教えてあげましょうか？　結局、このプログラムは、私のためになるだけでなく、時間的な意味でも、ビジネスにとって最良の決断になったわ。**毎月、新しい顧客獲得のために、手間暇かけて無駄な努力をしなくていい**わけだから。

昔からの顧客はうちと取引しようとし続けるし、Aグループは当社最大の支持者だから、巨大な営業部隊になる。実際、彼らに世間に宣伝してもらうのは、お金のかかる新聞広告を出すのとは違い、ニューヨーク・タイムズの『アートとレジャー』の欄に自分がやっているレストランを、ただで取り上げてもらうようなものだもの。そうでしょう？」

貴重なアイテムを入れた手紙

「確かにそうですね。ただ、2、3質問があるんですけど」スージーはそう言いながら、フィリップと会ったときのメモを見直した。「私のデータベースに入っている人たちに、どんなことを知らせたらいいんでしょう？」スージーは尋ねた。「つまり、うちの製品の情報を知らせるのか、それとも業界についてか、それに、印刷物とEメールのどちらで送ればいいのでしょう？」

「いい質問ね、スージー」サラは言った。「私も頭を悩ませたわ。まず、**Eメールと通常の郵便のどちらがいいかと聞かれれば、どちらか、ではなく、両方**だ、とお答えしたいわ。わが社にはカスタマー・リレーションシップ・マネージメント・システム（顧客関係管理システム）として知られている、企業内のCRMシステムがあるけれど、さらに外部向けCRMプログラムと私が呼んでいるものを加えたの。これで、**関係を築きたいと思う相手に、先を見越してEメールと郵便で通信を送る**わけ。わが社では『**接触を続ける**』**プログラム**と言ってるわ」

「いつ、どちらを使えばいいのかということは？」

「いろいろやってみた結果、いまは、わが社のビジネス活動の情報をEメールするパーミッションを得たうえで、その情報が相手にとって利用価値があればEメールで送る」サラが答えた。「でも、印刷された郵便物のほうが、印象が長持ちし、Eメールほど簡単に消されずにすむように思う。Eメールにはウイルス問題もあるし、何をEメールで送信するか、どのようにして送るか、慎重に決めているわ」

「では、印刷物のほうが多いのでしょうか？」

サラは首を横に振った。「驚くかもしれないけど、わが社の印刷物の通信の多くは、実際のビジネスとはあまり関係がなく、顧客とのつながりを作るのが主体なの。どれも役に立つ内容で、文章もよく練られ、きわめてプロフェッショナルな体裁を取っているし、きちんとした印象を与えるように、すべてが洗練されたデザインになっている。

でも、大事な点があるわ。新しい接触相手とつながりを持とうとするとき、相手が目下、ライバル社と取引をしていて、まだうちとの取引に応じる気がないなら、当社の製品情報を、印刷物にしろEメールにしろ、どんどん送りつけるのは逆効果でしょう。ことに相手が考えさせてほしいと言った場合は、うまくいかない。

効果的なのが、コミュニケーション・プログラムよ。私どもの名前を、ただ相手の目につくところに常に置くようにし、『毎月の顔見せ時間』を社員にもブランドにも持たせて、関係を築くわけ。このコミュニケーション・プログラムで送るのは、ニュースレター、祝祭日のカード、貴重なアイテムを入れた手紙などね」

「貴重なアイテム？」スージーがたずねた。

「ええ、ユニークで、簡潔な、役に立つアドバイスを盛り込んだ手紙。たとえば、学生のための無料の奨学金制度の情報から 金婚式の祝辞をホワイトハウスからもらう方法までいろいろよ。そうすれば、面会の約束をとりつけようと電話したとき、たいてい受けてもらえるわ。

もちろん、新しい提供話があれば、その見通しを知らせる場合もあるけれど、**主に次の電話の『お膳立て』をするのが狙いよ**。それでスタッフは『パスポート』を手に入れるわけ。ビジネスは、**プロフェッショナルな印象ができあがった後は、個人レベルで生まれるものだから**。わが社では、これをきわめて組織的にやっているの」

サラは話を続けた。「会社の製品と業界の情報を送るだけの多くのビジネスマンは、電話をしても、ガチャンと切られてしまうわ。あなたの公認会計士はニュースレターを送ってきてるかしら？　でも、会計士が個人的に、あなたの様子を聞いてきたり、あなたのために少しばかり時間とエネルギーを費やしてくれたら、彼を人に紹介することだってあるかもしれないでしょう。

さっきも言ったように、ビジネスは個人レベルで生まれるのよ……いったんプロフェッショナルな印象ができあがりさえすればね。このシステムに振り回されることはないわ。システムは、いったん軌道に乗れば、あなたが特に希望しなくても働くはずよ。わかる？」

「もちろんです」スージーは言った。「でも、お宅のように事業規模の大きいところのほうがやりやすいのではないでしょうか。私の場合、どんなふうに実行すればいいのでしょう？　そんなプログラムをどのようにして開発し、毎月、送るものをどうやって決めたらいいのでしょう？」

サラは、ちょっと考えていた。「それは重要な問題ね。少し聞いてくれる？　じつは、お宅がうちのような販売組織なら、たえず成長してインフラ基盤が役に立たなくなるわ。そうなると、発送するはずのものも送っていられなくなる。ほら、古い格言にもあるでしょ。ビジネスが40パーセント成長するたびにインフラはだめになる、というのが。

でも、あなたのためには、新しい手があるわ。それは、３００人の従業員をかかえるうちのような会社にも、従業員ひとりのお宅のような会社にも通用するわ」

サラは話し続けた。「それで、答えは何だと思う？」そう言って、スージーに向かって首をかしげた。「そう、きっとあなたが考えているとおりよ。答えは、そのプログラムは、優れたマーケティング・プログラムのように、1年先んじて計画する必要があるということ。Aグループのためのスペシャル・ギフトと感謝の挨拶は別としても、祝祭日やさまざまなイベントなどについては、すでにわかっているのだから。

任せられる適切な受託業者といっしょに、基本的なコミュニケーション・プログラムの実施に向け、時間をかけて取り組むこと、それからプログラムが整うまでは、たゆまず努力すること、これをぜひやってもらいたいの。わかるかしら？」

「ええ……たぶん」

「感謝のネットワーク」システム

「説明しましょう」サラは言った。「わが社では、プログラムをまず2つの活動領域に分けたの。1つは、印刷物とEメールのキャンペーンで、それを『接触の維持』キャンペーンと呼び、**2つ目は、『感謝のネットワーク』**と呼んでいるわ」

「感謝のネットワーク？」スージーは当惑した表情を浮かべた。

「感謝のネットワークよ」サラが繰り返した。「とても単純なシステムよ。即座にアクセスして送れる一連のギフトがあって、良品、上級品、最上級品の3種類あるの。このプログラムはオンラインを利用し、当社のデータベースが接続されていて、手続きに1分とかからない。

わが社では、全員がそのための予算を持っているの。そして、できるかぎり広範囲に『感謝のネットワーク』の網を投じている。反響はものすごいわよ。実際、社内には、**『栄誉の壁』**と呼んでいる壁があって、顧客や納入業者からの反応をすべてそこに貼り出しているの」

「素晴らしいですね！　ちょっとした感謝の印がそんなにしっかりとみなさんを結びつけるなんて」

「実際にあった話だけど」サラは言った。「先日、友人にカイロプラクター（脊柱矯正療法士）を紹介したの。療法士は治療を終えると、友人に、『ご紹介いただいたお礼をサラに伝えてください』と言ったそうなの。友人からそれを聞いて、私は療法士のやり方を面白いなと思った。私もかつてはそんなふうにしていたし――みんなそうだったのだけど」

「そのどこがいけないのでしょうか？」スージーは聞いた。

「もちろん、友人を通じてお礼を言われて、悪い気はしなかった。役に立てて嬉しかったわよ。ただ、療法士は、ビジネスのためにはもっと何かしたほうがいい――それに、たやすくできたはずよ。

簡単なシステムさえ整えておけば、紹介のお礼をするようにと、ちょっとアシスタントに言いつけるだけで、１分後には、ギフト用の花かごか花束のような形のあるものが、私のもとに届く手はずがなされたでしょう。私への連絡方法は知っていたのだから、インターネットにアクセスすればすむ。ごく簡単な話だわ。そうすれば、私は驚き、感激し、彼の対応を素晴らしいと思ったでしょう。それだけの経済的な余裕が彼にあるかどうかだけど、考えてごらんなさい」サラは言った。

「おそらく彼は、今年、私の友人から１５００ドル以上の診察料が入るでしょうけど、私の友人を見つけるため、あるいは彼がこの土地で最高のカイロプラクターだと彼女に納得

させるために一銭も使っていないのよ。私がすでに紹介して、友人に納得させているのだから。花かごのギフトへの投資は、ビジネス・センスとして、いい線をいっていると思わない？　もっとほかの人も紹介してあげようという気になるかもしれないでしょう？　私のようなビジネス－ビジネス・タイプの人間には効果抜群よ」

スージーは、おずおずと言った。「私は大きなことは言えません。感謝の気持ちを示すということでは、その療法士と大して変わりませんから。正直なところ、それ以上のことをする時間もお金もないと思うのです」

サラはうなずいた。「でもね、さっきも言ったとおり、システムづくりに全力をそそぎ、プログラムに集中して取り組めば、みるみるうちに素晴らしい成果があがるわ。プログラムは、四六時中、作動し、あなたがそうさせようとしなくてもちゃんと働くようになる。プログラムの処理と部分的な開発は社内でやるけれど、何か新しく必要なものや『感謝のネットワーク』用の製品はすべて、外注しているわ。地元でも多くのサービスを利用できるし、地元になくても、インターネットで見つかる。じつを言うと、初めの3年間はすべて外注したの」

スージーはハイグラウンドを見やった。「つまり、そういうサービスを私が企画、実施するのを手助けしてくれる会社があるということですか？」

ハイグラウンドはうなずいた。「きみが望むならね。きみのビジネスに合った、独自のサービスができるんだ」

その言葉に、サラが、シンプソン・システムズのカラフルなロゴが入った美しい2枚のポスターを持ち上げた。1枚目のポスターには、社名の真下に太い活字で、「接触の維持」と書かれていた。2枚目は、「感謝のネットワーク」だった。

「接触の維持」のポスターには、1年間、月ごとにどんな通信をすればいいかが示されていた。「感謝のネットワーク」のポスターには、シンプソン・システムズの誓約と方針が書かれ、日々、接するすべての人にどう感謝の気持ちを示すかを細かく説明している。スージーは、特に、グリーティング・カードの提案に注目した。

2枚のポスターは、次のようなものである。

シンプソン・システムズ

「接触の維持」

1月……年賀用グリーティング・カード
2月……貴重なアイテムのお知らせ
3月……名前入りニュースレター
4月……春季のグリーティング・カード
5月……貴重なアイテムのお知らせ
6月……名前入りニュースレター
7月……米国独立記念日（7月4日）用カード
8月……貴重なアイテムのお知らせ
9月……名前入りニュースレター

10月……貴重なアイテムのお知らせ
11月……感謝祭（11月第4木曜）用カード
12月……名前入りニュースレター

シンプソン・システムズ
「感謝のネットワーク」

私たちは、顧客、知人、納入業者、同僚に対して、常に、確実に、具体的に感謝を表わすことを誓います。私たちは、人間関係を第一に考えます！

・現場で働く従業員はすべて、2000ドルの予算を支給され、それを、顧客に対する感謝の印にふさわしく、また、顧客との関係を重視し、即時の対応が必要な状況にふさわしいと思われる形で使用する。
・会社および社員は、1年を通じて、一般的な贈り物の日に注意を払いながら、職務範囲を超えた独創性を持ち、並はずれた顧客サービスと「一風変わった」おもむきのある貴重なアイテムによって、いつまでも消えない効果を生み出すことを誓う。
・人を紹介された場合は、必ずその日のうちに、即座に、具体的、個人的に、感謝を表わす。
・会社にとってビジネスにつながる紹介はすべて、紹介が実を結んだその日のうちに、より具体的、個人的なアイテムで、即座に感謝を表わす。
・納入業者および知人から受けた並はずれたサービスは、即座に、具体的、個人的に、ふさわしい形で感謝を表わす。
・すべての社員は、互いに、高潔な人柄、誠実さ、優れた能力が示されたときは、即座に、一様に、具体的に感謝を表わすことを誓う。

コミュニケーション・プログラムの作り方

これらのポスターの縮小版のコピーをサラから手渡されて、スージーはすぐに自分のノートにはさんだ。

「うちのセールスピープルは、プレゼンテーションの際、顧客およびこのコミュニケーション・プログラムをずっと重視していくことを説明します」サラは続けた。「さらに、『感謝のネットワーク』によって、こうした有形のものが加わるわけ。その成果は、ご存じのとおりよ。当社は、業界ナンバーワンなの」

サラは言葉を続けた。「業種は問題じゃない。結局、すべては人間関係につきるわ。もちろん、発送するアイテムについては、いくらか見直しをしたとしても、何ごとも一貫性のある行動と、計画の遂行が必要よ。さっき私が言ったことを忘れないでね――ビジネスは、プロフェッショナルな印象ができあがった後は、個人レベルで生まれるのよ。適切なシステムと、しかるべき動機があれば、素晴らしいことが起こるわ」

スージーは、同社のデータベース・リストに載っている人々に送られた、いろいろなものの見本を見た。たとえば、健康や成功、家、テクノロジー、家族などを特集したニュースレター、名前入りのしゃれたグリーティング・カードの数々。すべて念入りに考えられた、見事なできばえのものばかりだ。「でも、デザインがいかにも企業的な感じがしますけど」スージーは思わず口走った。

サラは笑った。「私のようなビジネス－ビジネス・タイプの人間に、何を期待するっていうのかしら？　あなたは自分の個性にもとづいて、あなたと仕事と顧客のタイプにふさわしい外見とおもむきのものにすればいいのよ。自分がどんな人間かを見きわめ、それに逆らわず、それを核にしてデザインを工夫することね」

「では、私がデザインしていいのでしょうか？」スージーは目を見張った。

「『接触の維持』プログラムを自分で作りたければそうしてもいいけど、でも、率直に言うと――こう言っては失礼だけど――そんなことをするのはばかげてるわ。あなたに合った受託業者を選び、製品にあなたの名前を入れてもらい、データベースに載っている人々に送ったりEメールするか、またはデータベースを渡して受託業者にやってもらえば、あなたは得意な仕事に専念できるでしょう。そのほうがずっと能率的よ。理にかなっていると思わない？」

「ええ、確かにそうですね」

「それから」サラは言い足した。「12カ月の簡単なプログラムができあがれば――もちろん毎年、変わるけれど――あなたは、新しいコネや、Cの人をBに、Bの人をAにすることに専念できるでしょう。

いろんなことができるわ。たとえば、人の紹介や力添えに対する特別な品物とか、その人の特別なイベントを記念するものとか――このプログラムはそういったことすべてを処理してくれるの。たえず、あなたの顧客のもとに何かが届き、また、新たに顧客となる人もすべてこのプログラムに組み込まれれば、大きな満足感を与え、その結果、あなたが出会うあらゆる人があなたのビジネスに一役買うことになる。

取引の報告を見ると、本当に仰天するわ！　信頼関係が築かれ、顧客ひとり当たりの取引は増え、紹介も得られて、新しい顧客を見つけるコストはかつてマーケティングにかけていた額とは比べものにならないほど少なくてすむのよ」サラは深々とイスの背にもたれ、両手をあげて、驚きのジェスチャーをした。

「満足していらっしゃるようですね」スージーは、熱のこもったサラの話しぶりに微笑みながら言った。

「こんなふうに言ったらいいかしら。つまり、以前は、できるかぎりのあらゆる広告とマーケティングを利用し、『下手な鉄砲も数撃てば当たる』式のマーケティング戦略をとっていたんだけど、いまは、優れた収益効果を上げるために、人脈を広げ維持することに的を絞った取り組みをしているの」

「それこそ、まさにビジネス‐ビジネス・タイプの口ぶりだ！」ハイグラウンドが、笑いながら口をはさんだ。

「すごくおカネがかかりそうですね」スージーは頭の中で、どうやってプログラムを始めたらいいのか思案していた。

サラは、ちょっと間をおいて言った。「スージー、率直に言わせてもらうわ。ビジネスには投資があり、出費がある。例のカイロプラクターがこういうシステムに投資していれば、1年に1500ドル払う顧客がもっと増えると思わない？」

「確かにそうですね」ようやくスージーは新しい考え方ができるようになり、きっぱりと言った。

「わかったらしいね！」ハイグラウンドが声をあげた。「では、スージーをきみのセールス・スタッフに紹介して、このシステムがどう働いているかを見てみようじゃないか。どうだね？」

サラが立ち上がり、ハイグラウンドとスージーも続いた。「じつは」サラはドアに向かいながら言った。「ちょうど新入社員のための販売・顧客サービス・ミーティングが始まったところなの。スタッフ・リーダーが、『ご一報ください』がどういうものなのか、そして『接触の維持』プログラムをどのように取り入れればいいかを説明していますから、行ってみましょう」

シンプソン・システムズのやり方

彼らが研修室に入っていくと、室内のみんなが気づいた。サラはチームにそのまま続けるよう、そっと手振りで合図しながら、ハイグラウンドとスージーにイスを勧め、自分もその脇に座った。

スタッフ・リーダーは話を始めたばかりだった。彼は、末永くつきあう顧客に対する会社の関わり合いのあらましを述べた。そして、ある国内線航空会社のコマーシャルのビデオを見せた。ビデオでは、そもそも会社が顧客を獲得する原動力となった個人的な接触を廃止したため、最大の、そしてもっとも古くからの得意先を失ったところだと、社長がセールスピープル一同に話している様子を映し出していた。それから社長は、航空券を彼らに配り、それぞれが担当していた顧客すべてにもう一度接触するよう命令を出す。そのうちのひとりが社長に、これからどちらにお出かけですか、と尋ねると、社長は、旧友に会いに行くとだけ答えるが、じつはそれは会社が失った馴染みの得意客のことなのだった。

コマーシャルが終わると、スタッフ・リーダーは、これは個人的な接触を欠いて顧客を失ったライバルの現状だと述べた。そして、「接触の維持」および「感謝のネットワーク」というプログラムのあるシンプソン・システムズは、決してこんなことにはならないと言った。

「当社には、われわれのキャッチフレーズとも言える言葉があります」スタッフ・リーダーは説明した。「それは、『ご一報ください』です。つまり、何らかの形で――本当にどんなことでも――顧客の力になれるなら、いつでもお役に立ちます、ということなのです。いまは亡き創立者のサム・シンプソンは、常に人の役に立とうとしていたし、現社長のサラ・シンプソンは、言葉だけでなく行動においても、その伝統を守ろうとしています。

この指示に続くのが、顧客に友人、知人の紹介を頼みなさい、というものですが、その際、友人、知人に対しても、紹介者と同様の扱いをすることを約束します」ここでリーダーは一息入れ、演壇に身を乗り出した。「もちろん、顧客への待遇があまりよくなければ、この言葉は逆効果ですがね」これはみんなの笑いを誘った。

彼はさらに、「接触の維持」と「感謝のネットワーク」の両プログラムを再び取り上げ、「栄誉の壁」を見せ、各社員に割り当てられる予算について説明した。スージーにとって、どれもサラから聞いたことだった。その場を立ち去るまでには、スージーは１日中、取っていたメモの最後の仕上げをしていた。

ミーティング会場をあとにしながら、スージーは新たな自信がわいてくるのを感じた。

サラの目をまっすぐ見つめ、時間を割《さ》いてくれたことに礼を述べた。

「スージー」サラは握手をかわしながら言った。「事情が変わって、コンピュータの利用を考える場合は、お電話して。それ以外でもお手伝いできることがあれば、ご一報ください！」そして、にっこり笑ってきびすを返し、ハイヒールの音を響かせながら、仕事に戻っていった。

ハイグラウンドとビルをあとにしながら、スージーは、サラ・シンプソンの言ったことは、すべて本心であるのを疑わなかった。

《目標4》最後の目標シート

「すてきだわ」彼女は言った。

ハイグラウンドは笑みを浮かべた。「最初に言ったとおり、どんなタイプの人間であろうと、このシステムは試す勇気のある人なら誰でもうまくいくことをサラ・シンプソンは立証しているんだ」

「本当にそうですね」

「さて、だいぶ遅くなったな」ハイグラウンドは、腕時計に目をやりながら言った。

「でも、すごく勉強になっています！」スージーは新しい指導者にさっさと行かれてしまうのが、少しばかり惜《お》しい気がした。

「資料がドサドサ落ちてくるようだな」ハイグラウンドが同意した。「実際、1日で学ぶには多すぎたかもしれない、それが2日だからな」

「あら、そんなことはありません」スージーは笑いながら言った。「エンジンをフル回転させてますから」

ハイグラウンドは声をあげて笑った。「わかるよ！　素晴らしい。だが、あらゆることをじっくり煮詰めて、この最後の原理について、そして、それがほかのことにどう影響するかを考えてもらいたい。家に帰って、最後の《目標4》のシートに記入しなさい。きみのノートを見直して、空欄にはすべて、簡単な、達成可能な目標、アイディア、疑問点を書き込むんだ。明日の朝、8時きっかりに会って、いっしょに目を通そう」

「で、そのあとは？」

「そのあとは、きみの人生のまったく新しい章を始めるのだ」ハイグラウンドは、目をきらめかせて言った。そして、いつものように手を振って、足早に立ち去った。

スージーはしばらくその場に立ったまま、彼が消えるのを見つめていた。前方には海岸が広がり、その向こうに海と水平線が見える。太陽は沈みかけ、夕暮れが迫っていたが、なぜか人生に新しい夜明けが始まっているような気がした。新しい何かの夜明けが。そして、心地よかった。

彼女は大急ぎで帰宅し、夕食をこしらえ、最後の目標シートに書き込むためにテーブルに着いた。

《目標4》

目標：私の「接触の維持」と「感謝のネットワーク」の両プログラムの、次の12カ月の準備が整っている。

期限：今日から12週間

日付は9月15日、私が行なったこと：私の「接触の維持」プログラムの次の12カ月の計画ができあがっている。毎月送る、私のスタイルにもっともふさわしい12の通信が決まった。通信文の下書きは仕上がり、貴重なアイテムはすでに注文ずみ。それぞれの通信の見本をファイルに入れてあり、私の製品とサービスに興味を持ってくれた人々に、いつでも仕事ぶりを見せることができるようにしてある。どのようにして人間関係を築き、紹介を求めるかを具体的に示す準備ができている。

私が経験したこと：私のシステムを通して、非常に多くのポジティブな反応とビジネスを得ることができ、ほんの数カ月前、心にかなう行動プランがなくて絶望していたのが信じがたいほどだ。

私が感じていること：このプログラムをうまく遂行するための懸命の努力と、自己鍛錬を誇らしく思っている。私はやるべき仕事をやり、それを完了させたことに、達成感を味わっている。

私が興奮していること：システムの運営を手助けしてくれるアシスタントを雇い、私のほうは私の製品によってほかの人々の力になることに時間が使える。

仲間や同僚は：私が準備した「接触の維持」と「感謝のネットワーク」のできばえとその素晴らしい成果にびっくりしている。一方、私はありのままの自分でいればよく、自分以外のものになる必要がないことが嬉しい。

私が決心していること：私はやりたいと思うこと——顧客につくし、彼らが目標を達成するのを手助けすること——に専念できるよう、このプログラムを継続し、一貫してそれを遂行しようと思っている。

スージーは深々とイスに座ると、ペンを置き、最後の目標を見た。それからノートの初めのほうにページをめくっていくと、最初に急いで書きとめた250×250のリストが目に入った。原則1、とスージーは思った。**250×250の法則。重要なのは、あなたが誰を知っているかだけではない。あなたの顧客が誰を知っているかが肝心《かんじん》なのだ。**リストには160以上の名前が連《つら》なっていた。彼女はそのひとつひとつに目を通しながら、ますます気持ちが高ぶってきた。

それらを無意識にABCに分類しはじめ、名前ごとにふさわしい手紙を書きとめ、最初の日に行なった分類を見直した。

原則2、とスージーは笑みを浮かべて思った。**データベースを作り、ABCにランク分けせよ。**いまはこのリストがどのように役立つかわかっていた。顧客を増やす「魔法の手紙」や、詫び状つまり「告白の手紙」を発送して、これらの昔なじみの何人かとつき合いを再開するための大義名分ができるのが本当に楽しみだった。

原則3．**ご一報ください。顧客に、あなたの仕事と、あなたが有用であることを、どんなときにも具体的な行動を確実に行なうことによって教えよ**――彼女は誇らしげに、自分に聞かせた。そして原則4．**たえず、個人的に、計画的に、連絡を取り続ける。**

面白いわ、とスージーは思い、頭を振った。自分がシステムの4原則すべてをやすやすと思い出しているのに気づいた。しかし、いちばんよい点は、プラン全体がどう機能するかがありありと見えることだった。

それはじつに単純だが、驚くほど大きな、持続する成果をもたらすシステムであり、あらゆる思想のなかでもっとも単純な思想である黄金律を土台とする、人とのつながりを第一に考える素晴らしいシステムなのだ。

スージーはノートを閉じ、その上に手を置いた。「まあ、どうしよう」ひとりにっこりしながら、つぶやいた。「今夜は、なかなか眠れそうにないわ」

そして、本当にそのとおりになった。

成功への正しい組み合わせ——成功への4つの原則

原則4．たえず、個人的に、計画的に、連絡を取り続ける

- 「たえず、個人的に、計画的に、連絡を取り続ける」ためのシステム、つまりコミュニケーション・プログラムは2つの活動領域に分けられる。どちらも計画を立て、適切な業者に委託することが望ましい
- 一つは、「接触の維持」キャンペーン。関係を築きたいと思う相手に、先を見越してEメールや印刷物を送る
- もう一つは、「感謝のネットワーク」。顧客に対し感謝の気持ちを表わせるようなギフトと、ギフトを送るためのシステムを整えておく

第7章

20のステップリスト

一新した心の持ち方

翌朝、スージーはまた早くに目を覚ました。身支度《みじたく》をし、ノートをつかみ、この新たな気持ちと、人生のこの瞬間を味わい楽しみながら、はるばるチャックのカフェへ向かった。いまも新たな幕開けのような気がしていた。気分は爽快《そうかい》だった。

午前8時に、カフェに入っていった。カウンターの奥でハイグラウンドがチャックとおしゃべりをしていた。2人は笑顔でスージーを迎え、ハイグラウンドは手招きして、海の見える正面のテーブルへ彼女を誘った。

「今朝はどんな調子だね？」腰を下ろすと、ハイグラウンドは尋《たず》ねた。

「最高です。ハイグラウンドさん、本当に！」

この言葉に、ハイグラウンドはとても満足した。「変わってきているのがわかるよ。3日前に会った女性とは別人のようだ」

「あなたのおかげです」

「いや、それは違う」ハイグラウンドは言った。「このシステムからどれほど多くの知識を得たとしても、例の3つの質問に誠実であって初めてうまくいくのだ。そして、きみはずっと誠実でいると思う」

「そのつもりです」

「きみのノートを見てみよう」

スージーはジッパーを開けてノートを出し、昨夜記入しておいた《目標4》のページをぱっと開いた。

ハイグラウンドはそれをじっくり吟味し、ノートをなでながら、満足げにうなずいた。

「スージー、これからきみがこの2日間で経験したことを再検討し、それから、未来に対するプラン、つまり新しく見つけたきみの行動計画を話し合いたいと思う。いいかい？」

スージーはため息をついた。「お話ししなければならないことがあります、ハイグラウンドさん。フィリップはあなたを物事の見方の変革者と呼んでいましたが、本当にそのとおりでした。あなたは物事の見方を変え、その結果、心の持ち方も変えてしまいます。私はこれまで人に、元気を出して、物事の明るい面を見るようにと、よく言ってきましたが、あなたがおっしゃったように、倒れてくる木を避けようとしている間はそうすることはできないのですね。物事の見方が変わって初めて、心の持ち方も変えることができるのであって、それがこの2日間に私にしてくださったことです。とても感謝しています」

その言葉は彼を大いに喜ばせた。「ありがとう。だが、いまはもう本当にきみ次第なんだ」

「いまはこの組み合わせがわかります！」スージーはページを指しながら言った。それは原則4の「成功への正しい組み合わせ」の図で、4つの原則と開いた錠が示されていた。

「ほら、あなたがノートをくださった最初の日、まだ私は『接触の維持』プログラムの威力を知らなかったのに、この最後の錠が開いているのを見て頬がゆるみましたけど、いまはもっとにっこりできます」

　ハイグラウンドは小首をかしげてその絵を見て、微笑《ほほえ》んだ。「この組み合わせで、まったく新しい世界への錠が開くのだ」ハイグラウンドはパラパラとめくり返して、彼女の目標シートを眺《なが》めた。「そして、ここにある目標からすると、きみはすでに道半ばまで来ているね。それぞれの目標について、きみは数週間先の未来に身を置き、しかも、それをすこぶる見事にやってのけた。それに、きみの課題は単純で達成できるものだから、それぞれの目標に到達できそうだ。よくやった。きっと到達できるよ」

　その言葉に、スージーは顔を輝かせた。

「さて、どこから始めたいと思っているかわかっているかな?」彼は、いきなり思い立ったように言った。「3日前といまの状況を説明してくれないか?」

　スージーは笑った。「携帯電話料金が気になって、あなたに電話をするのをもう少しでやめるところだったのに気づいていらっしゃるでしょうか?　私はそんな状態でした。

　最大の失敗は、どんな人たちにアプローチすればいいか、連絡を取ったあと何をすればいいかというプランがないことでした。結局、強引すぎる印象を与えるか、まったく連絡できないかのどちらかだったので、顧客との関係を発展させることなどできるわけがありませんでした」

スージーはさらに続けた。「私が救われるには、大々的なマーケティングか広告のプランが必要だと思っていました。いつも明日に期待し、完璧なプランがどこかから出現するのを願っていたのです。でも、そうはいかず、行き詰まっていました。お会いしたのは、そんなときです。すると、ほら」彼女は実感をこめて言った。「不思議なことに、ずっと望んでいたことが起こったのです——あなたに会うよう、チャックから勧《すす》められたときに」

そのとき、チャックが彼女の好きなミルク入りヘーゼルナッツ・コーヒーとビスコッティを運んできた。3日前、スージーをなだめて問題を打ち明けるように言ったとき差し出したものと、そっくり同じだ。いままた、彼はそれをテーブルに置き、うやうやしく手でひと押しした。

スージーはそのジェスチャーが気に入って、声をあげて笑った。

「72時間というものが人にどれほどの作用を及ぼすかは、びっくりするほどですね？」チャックはハイグラウンドの肩をたたきながら言うと、持ち場に戻っていった。

「彼があなたのシステムを始めたのは、どれくらい前なんですか？」スージーは感謝の面持ちでチャックのほうを振り返りながら、尋ねた。

「５年ぐらい前だな。彼も友だちから私に会うよう勧められたんだ。そう聞いても、きみは驚かないかもしれないけど」

「ええ、少しも驚かないわ――いまでは」スージーはビスコッティをコーヒーに浸して、大きくひと口かじった。

「さあ、先をつづけて。確か、チャックが私を紹介したところまでだったね」

顧客を維持するシステム

「でも、そのあとのことはもうご存じでしょう。いま私には、先を見越して行動できる、自分にあったプランがあります。ほかの人のマネをする必要などない気がします」スージーは言った。

「現在の顧客を維持するより新しい顧客を見つけるほうが11倍も高くつくという古い格言も理解できたし、本当にそのとおりだと思います」スージーは、ビスコッティをおいしそうに食べながらつけ加えた。実際、今朝は何もかもが楽しく思えるようだ。

「私の問題は、現在の顧客に紹介を頼むどころか、ちゃんと定期的に連絡を取って彼らを引きとめておくシステムが整っていないことでした。

でもいまはあなたのシステムがあります。人間関係を第一に考え、黄金律にもとづいたシステム、一貫した態度を示し、うまくいけば、特に大切な人たちに頼んで、誰かを紹介してもらう権利を手にできるシステムなのですね」

「スージー、きみがそれを実行すれば、きみのシステムになる。うまく最後まで頑張《がんば》れるはずだ」

「そして、得意になって私のものだと言うでしょうね。なぜって、このシステム、ことに『接触の維持』の優れた点は、そのコミュニケーションの方法にあると思うのです。

データベースを利用した通信を口にする人たちは大勢いますが、それを実行している人はほとんどおらず、時々、何かほかのものを売り込もうとしたり、自画自賛のメール広告を送る程度です。

でも、私は、顧客に、お手伝いできることがあればご一報ください、と言うときは、本当にそうするつもりです。それから、私のサービスを利用してくれる友人、知人はいないかと尋ね、その人たちにも彼らと同様の対応をすることを約束するとき、それはかなり重みのある言葉になるはずです。だって、私は一貫性のある行動で、自分の力量を示してきたわけですもの、そうでしょう？　連絡を取り続け、最後まで頑張ることによって」

ハイグラウンドはゆったりとイスに座り、小首をちょっと傾けた。「まさにそのとおりだ」彼は新しい弟子を誇らしげに見た。「きみがもう独り立ちしているのは明らかだ、スージー。いつも、これが私にとって最高の瞬間なんだよ」

それでも、スージーは続けた。

「それに、あなたにお会いするまでは、誰かに名刺をもらっても、ファイルにしまい込んでそのままにしていました。そして、何か提供できそうなものがあって、やっと電話をする機会がめぐってきたときには、あまりにも時間がたっていて、電話をしたりつき合いたいと言うのは、まやかしで、インチキくさい気がしたんです。私の行為はご都合主義みたいで気が引けて、結局、尻込みしていました。私は胃がむかつきっぱなしでした。そのへんのところが、いまやっとわかりました」

スージーは微笑んだ。「でも、何もかも変わるはずです。これからは、昔気質のやり方でやっていき、紹介を頼む権利を手に入れるつもりです。これらの素晴らしい原則と、それをどうビジネスに活かすかがわかってきました。ずっと、定期的に、みんなと連絡を取っていきます。現実にそれをどう実践すればいいかがわかりました。彼らと連絡を取り、たえず、貴重なアイテムを提供しつづけます。でも、われながら、ちょっとずるい気もします。だって、大部分の人は感動してくれるでしょうけど、それというのもこうした連絡の取り方を彼ら自身ずっとしたいと思っていたのに、そのやり方がよくわからなかったというだけのことですもの」

ハイグラウンドはコーヒーカップを持ち上げ、スージーに乾杯した。スージーもカップを持ち上げた。「きみは自分を誇《ほこ》りに思うべきだよ、スージー。きみに敬意を表する」

「ありがとうございます」スージーはコーヒーカップを彼のカップと触れ合わせてから、ビスコッティの最後のひと切れを浸《ひた》して、口に放り込んだ。

「私がどんなに自分を誇らしく思っているか、ご想像できないでしょうね。でも、準備が整ってシステム全体が動きだし、毎日それを実行するようになったら、もっと誇らしい気持ちになると思います」

「そのとおりだ。きみはこのシステムをとてもよく理解している。これから4カ月間、最後まで頑張ってもらいたい。しっかり取り組んでごらん、スージー。実践することだ。そうすれば、日課が当たり前のことになるから」

もっとも重要な20のステップリスト

ハイグラウンドはスージーのノートの上に紙を1枚置いた。「これをノートに入れておくといい。『ステップ・リスト』と呼んでいるものだ。もっとも重要な20のステップのリストで、このプロセスを進めるために、日課として組み入れるべき事項をあげてある。

いったんシステムが整えば、新しい接触相手にもすぐに通じる道筋ができ、あらゆる人に定期的に、確実に接触できるようになる。そうして、最後まで頑張ることだ。いいかい、すでにつき合いのある顧客に対して一貫性のある行動を示せば、ライバルは二度と現われない。きみが友人だと主張できるほどの、素晴らしい関係を持てるのだよ」

スージーは「ステップ・リスト」を興味津々で眺め、それらをいつ始められるか予想を立てながら、さっそくリストに書き込みを始めた。

《ステップ・リスト》

1．第一段階の名簿を仕上げる。電話をかけ、住所、電話番号、Eメール・アドレスを確かめる。
2．すべての名前をABCに分類する。
3．コンタクト・マネージャー（予定管理ソフト）あるいはCRMシステム（顧客関係管理システム）を選ぶ。ABCの各集団を設定できるようにすること。
4．メールおよびプリント・サービスを扱う信頼できるデータベース受注業者を探し、選ぶ。

5.「接触の維持」プログラムのために、用意できる様々な通信手段をインターネットで探す。あなたの業界の人々が何を利用しているか調べる。12カ月のプログラムの概要をまとめる。

6.即時に対応する「感謝のネットワーク」プログラムの開発、実施を助けてくれるオンライン・サービスを選ぶ。簡単に処理できる標準的なものを選び、楽にデータベースにアクセスできるようにする。

7.名前入りのお礼用カードを購入する。相手をあなたのデータベースに加えるパーミッションを得た上で、面会後はすぐにカードを送る。

8.データベースに記載されている人々用に、「接触の維持」のための12カ月の印刷プログラムを仕上げる。アイテムを選び、発送日を決める。その予定を書きとめ、目につきやすいようにする。確実に発送するために、各月に必要な作業を一覧表にまとめる。

9.「感謝のネットワーク」プログラムを仕上げる。「接触の維持」プログラムに加えて、現場で働く社員用、紹介者へのギフト、一般的な祝祭日用ギフトに見合った予算を設定する。

10. データベースに載っている人々に詫び状「告白の手紙」を送る。

11. 手紙を送った全員に、その後、電話をする。場違いでなければ、誕生日（誕生の年ではない）と記念日をたずね、データベースに入れる。

12. Aグループの人と個人的に会う取り決めをし、あなたの新しい考え方を説明する。面会中に、紹介を依頼する。

13. 必要なら、データベースにさらに見込み客を追加するために、一定数の個人的な面会の約束をしたり電話をかけることに力を注ぐ。3つの魔法の質問を活用する。

14. 人脈をさらに広げたければ、データベースを導入する。新たに取り入れたリストの全員に電話をして、通信を開始するパーミッションを求める。

15. 人脈をさらに広げたければ、ダイレクトメールを利用する。リストは特別注文して、リストのひとりひとりに電話し、シーラ・マリーが人脈を広げるのに用いた、許可を得るための質問をする。

16. あなたのスタッフ全員を対象に、プログラムの働きを教える。全原則をあなたの企業文化に組み入れる。

17. 納入業者をはじめとする、「あなたが儲《もう》かれば、儲かる」すべての人に電話をかける。あなたのプログラムの働きを説明し、あなたが彼らのために何ができるかを尋《たず》ね、そのあと紹介を依頼する。

19. セールス・プレゼンテーションに、あなたが顧客関係を第一に考え、それが顧客にとってどれほど価値があるかを盛り込む。あなたの新しい考え方を、聞く気があって適切なあらゆる人に話す。そして、紹介を依頼する。

19. 新しく手にした「パスポート」を使い、少なくとも年に一度はデータベースのすべての人に定期の電話をかける。バースデーカード・プログラムを作成したら、バースデー・カード発送後に「誕生日、おめでとう」の電話をかける。その人の力になれることはないかと尋ね、場違いでなければ、紹介あるいは面会の約束を求める。

20. 電話をした相手のために何ができるかを必ず尋ね、そして、あなたのビジネスが多くの人の好評を得ていることを常に思い出してもらう。それから、フィリップがしたように、必ず紹介を依頼する。

スージーがリストに目を通し終えると、ハイグラウンドはすでに立ち上がっていた。

「きみは立派にやっていけるよ、スージー。それを1つやりとげるごとに印をつけ、そのあと、このステップを目標とともにシステム手帳に書き込み、私との、そしてきみ自身との約束を守るようにするんだ。最後まで頑張りなさい」彼は微笑《ほほえ》んだ。

「きみと知り合えて楽しかった。何か私にできることがあれば、〝ご一報ください〟。それから、こういう考え方が役に立つような友だちがいれば、話してあげるといい。感謝されるよ。いいことだ……それこそ黄金律だ！」

「もう行ってしまわれるのですか？」スージーはふいになんだか悲しくなって言った。

「じゃ、また！」後ろから、チャックが声をかけるのが聞こえた。スージーが振り返って再び向き直ると、もう謎のハイグラウンド氏は姿を消していた。

彼女はただ頭を振って、彼のいなくなったほうに微笑みかけた。チャックがやって来て、食器を片づけはじめた。「大した男じゃないか？」

スージーは、再び頭を振っただけだった。そしてノートとハイグラウンドから渡された「ステップ・リスト」を手に取り、立ち上がった。彼女はチャックに晴れやかな笑顔を向けて言った。「さあ、まだ朝早いし、そろそろ取りかかろうかしら。じゃ、またね、チャック」

チャックはスージーが出ていくのを見送った。彼女の足取りには、数日前になかった自信が確かにあった。「そのハイ・グラウンド（有利な立場）は、あなたに大いに役立つだろう」彼はつぶやき、彼らが使った食器の残りを集めながら、このドラマにおける自分の役割に深い満足を覚えていた。

スージー・マカンバーの職業上の変貌――と、その言葉の響きを楽しみながら、チャックはひとり思った。彼はスージーが好きだったし、「ハイ・グラウンド」が彼女のためになると確信していた。

そしてまた、古いオークのカウンターの後ろに戻りながら、ふと気がついて嬉しそうに微笑んだ。たとえこの町にほかにコーヒーショップがあっても、スージー・マカンバーが足繁《しげ》く通いつづけ、彼女の友人や顧客にも話すのは、一軒しかないだろう……そして、それは、カリフォルニア・コーヒー・カフェ&ビストロだった。

第8章　一生続く推薦

半年後――

その日もカリフォルニア・コーヒー・カフェ&ビストロの朝は申し分なく、スージーを含む常連客がそろい、1日を始める前の「いつもの」一杯を楽しんでいた。

今のスージーは半年前とはまるで違っていた。この火曜日の朝、いつもの火曜日の朝と同じように、スージーは5人の従業員によるチームをオープンテラスの席に着かせ、週1度のミーティングを開いていた。彼女のビジネスは爆発的に伸び、新たにセールスピープル2人、顧客サービス係ひとり、個人秘書ひとりを雇わなければならなくなっていた。スージーには自信――自慢ではなく、まさに自信――からくる余裕があふれていた。

毎月、データベースに載っている全員が、優れた月例ニュースを受け取った。それは非常によくできており、チャックは掲示板に張り出すようになった。彼女はビジネスの紹介へのうまいお礼の表わし方で知られるようになった。常に適切だが印象的なやり方で表わしたのである。スージーはすぐに自分がビジネス－人間関係・タイプだと気づき、それにそって能力を伸ばした。真にありのままの自分でいることができ、彼女のビジネスがその結果を示していた。

フィリップは混み合った店内に入ってくると、ウォール・ストリート・ジャーナルをつかみ、スージーの後ろに立った。そして、彼女の肩をたたいて言った。

「おはよう」

ミーティングに集められたスージーのチームの人数を見て、彼は笑みを浮かべた。「もう人々がノーと言うのではないかという不安はなくなったようだね。これだけの人数からして、多くのイエスを得ていることがわかるよ」

「素晴らしい経験でした、フィル。私もあなたと同じタイプの人間です。私は与えられた才能に満足し、それを生かしていくことを学びました――友人たちからのちょっとした手助けを得て。

私はシステムのおかげで勢いを得て、わかったんです。売上げを出さなければならないというプレッシャーから逃れることができることが。私の言うことがおわかりと思います――私は、私のよりも顧客のニーズのほうを重視することができるということです。それをたえず行ない、人間関係を第一に考え、日々、黄金律を実行するようになるとすぐ、仕事がやって来はじめました。その考え方が、私の額からドル記号を取り去ったのです。そして、その素晴らしいお手本があなたです、フィル」

古風なオークのカウンターの後ろで電話が鳴り、チャックはホイップなしのダブル・カプチーノをつくっていた手をとめ、電話を取ってちょっと話し、スージーのほうを振り向いた。「あなたにですよ」

スージーは困惑顔になった。彼女はまだコーヒーを飲んでいなかったのだ。「誰かしら？」

一生続く紹介者

チャックは受話器を渡すと、コーヒー作りに戻った。「お友だちですよ」

「もしもし？」スージーはためらいがちに言った。

「スージー！　ハイグラウンドだ。調子はどうかな？　あれからもう半年になるが」

彼女は急に活気づいた。「すごく好調です、ハイグラウンドさん。あなたはどうですか？　あちこちからいただくあなたのおハガキをいつも楽しみにしてます。お忙しいのですね」

「2、3の友人に手を貸しているだけだよ。いま、この町に戻っていてね。そして、きみの評判を聞いたんだ。最後まで頑張るという約束を守ってくれたことに感謝したい。素晴らしくうまくいってるようで、本当にうれしいよ」

「まあ、ありがとうございます。信じられないくらいです。何もかも！　いっさいをお話しするのが待ちきれません」

「私も聞くのが待ちきれないな。そのことで電話したんだが。じつは、頼みがあるんだ」

「何でも、どうぞ」

「新しい友人で、少々手助けを必要としている人がいてね、明日いっしょに会ってもらって——」

「原則の1について話し、かつての私といまの私の状況についても話してあげる？　いいですとも。心から喜んで。ここにまいりましょう」

スージーは受話器をチャックに返し、もう一方の手で彼から湯気の立っているミルク入りのヘーゼルナッツ・コーヒーを受け取った。

「万事、オーケー？」受話器を置きながら、彼は聞いた。

「オーケー以上よ」彼女はありがとうというように頭を振って答えた。「何もかも、あなたのおかげだわ」

スージーは2、3歩行きかけて立ち止まり、チャックを振り返って言った。「大事なことを知ってる、チャック？　彼は本当に末永い紹介者だったわ」

切りとり線

あなたにお願い

この本をお読みになって、どんな感想をお持ちでしょうか。次ページの「100字書評」を編集部までいただけたらありがたく存じます。今後の企画の参考にさせていただきます。

あなたの「100字書評」は新聞・雑誌などを通じて紹介させていただくことがあります。また、採用の場合は、特製図書カードを差しあげます。

次ページの原稿用紙に書評をお書きのうえ、このページを切りとり、左記へお送りください。電子メールの場合は、書名を明記していただけると幸いです。

〒101―8701　東京都千代田区神田神保町3―6―5　九段尚学ビル
祥伝社　書籍出版部　編集長　角田　勉
電話03（3265）1084　E-Mail：nonbook@shodensha.co.jp

◎本書の購買動機（新聞・雑誌名、あるいは○をつけてください）

＿＿＿＿新聞の広告を見て	＿＿＿＿誌の広告を見て	＿＿＿＿新聞の書評を見て	＿＿＿＿誌の書評を見て	書店で見かけて	知人のすすめで

１００字書評

単なる知り合いが顧客に変わる本

住所

なまえ

年齢

職業

単《たん》なる知《し》り合《あ》いが顧客《こきゃく》に変《か》わる本《ほん》

平成16年9月10日　初版第1刷発行

著者――ティム・テンプルトン
訳者――門田美鈴《かどたみすず》
発行者――深澤健一
発行所――祥伝社《しょうでんしゃ》
〒101-8701　東京都千代田区神田神保町3-6-5
☎03(3265)2081(販売部)
☎03(3265)1084(編集部)
☎03(3265)3622(業務部)
印刷――堀内印刷
製本――明泉堂

ISBN4-396-65028-0 C0063

祥伝社のホームページ・http://www.shodensha.co.jp/